ସକାଳ ଆସି ଶିଖେଇବା ଯାଏ

ସକାଳ ଆସି ଶିଖେଇବା ଯାଏ

ନୃସିଂହ ବେହେରା

ବ୍ଲାକ୍ ଈଗଲ୍ ବୁକ୍ସ
ଭୁବନେଶ୍ୱର, ଓଡ଼ିଶା

BLACK EAGLE BOOKS
Dublin, USA

ସକାଳ ଆସି ଶିଖେଇବା ଯାଏ / ନୃସିଂହ ବେହେରା
ବ୍ଲାକ୍ ଇଗଲ୍ ବୁକ୍‍ସ : ଭୁବନେଶ୍ୱର, ଓଡ଼ିଶା ● ଡବ୍‍ଲିନ୍, ଯୁକ୍ତରାଷ୍ଟ୍ର ଆମେରିକା

 BLACK EAGLE BOOKS

USA address:
7464 Wisdom Lane
Dublin, OH 43016

India address:
E/312, Trident Galaxy, Kalinga Nagar,
Bhubaneswar-751003, Odisha, India

E-mail: info@blackeaglebooks.org
Website: www.blackeaglebooks.org

First International Edition Published by
BLACK EAGLE BOOKS, 2023

SAKAL ASI SIKHEIBA JAE
by **Nrusingha Behera**

Copyright © **Nrusingha Behera**

All rights reserved. No part of this publication may be reproduced, stored in a retrieval system, or transmitted, in any form or by any means, electronic, mechanical, photocopying, recording or otherwise without the prior permission of the publisher.

Cover & Interior Design: Ezy's Publication

ISBN- 978-1-64560-467-9 (Paperback)

Printed in the United States of America

ପୃଷ୍ଠଭୂମି

ଅନୁଭବର ଉଦ୍ଭାବନ ବିବିଧତାରେ ବିକଶିତ। ଅଭିନବ ଉଦ୍ଭାଷରେ ଉଦ୍ଭାସିତ ତା'ର ଆଲେକ୍ଷ୍ୟର ଅଭିଲେଖ। ଯହିଁରେ ଅଭିପ୍ସାର ଅସ୍ତିତ୍ୱ ଅସ୍ମିତାରେ ଅଭିସିକ୍ତ ହୋଇ ଅନିତ୍ୟର ଅପୂର୍ବ ସଙ୍ଗତିରେ ପ୍ରତିଭାତ ହୁଏ। ସୁଯୋଗ୍ୟ ଶବ୍ଦ ସଞ୍ଜୋଜନାକୁ ଅଙ୍ଗୀକାର କରି ଭାବର ସମ୍ପ୍ରୀତିରେ ତାହା ଅମର୍ତ୍ତ୍ୟ ଅମୃତ ପରସେ।

ପ୍ରସ୍ଫୁଟିତ କଲ୍ଲୋଳ କମନୀୟ ହିଲ୍ଲୋଳରେ ମହନୀୟରୁ ମାର୍ମିକ ହୋଇଯାଏ। ମହିମାରୁ ତା'ର କବ୍ୟିକ ଚେତନାର ଚଉହଦି ବିମୁଗ୍ଧ ବର୍ଣ୍ଣାଳି ତଥା ସ୍ନିଗ୍ଧର ସାଫଲ୍ୟ ସନ୍ନିହିତ ହୋଇ ସମ୍ମୋହିତ କରେ। ସ୍ୱପ୍ନର ସେହି ସ୍ୱରାଜକୁ ଅମାତ୍ୟ ପଣିଆ ଧରି ଅବତୀର୍ଣ୍ଣ ହୁଏ ଆନୁଗତ୍ୟ ଅତୀତ। ଜାଜୁଲ୍ୟ ଜାଲରେ ଛନ୍ଦି ବିଭୋର ଫାନ୍ଦରେ ବାନ୍ଧି ବର୍ତ୍ତମାନର ବିଲମ୍ବିତ ବ୍ୟଥାର ବିଥିକା ପୁଣି ପ୍ରହେଳିକା ବାଣ୍ଟେ। ଅବ୍ୟବସ୍ଥିତ ମୁହୂର୍ତ୍ତ ମନ୍ତ୍ରଣାରେ ଅକଥନୀୟ ଯନ୍ତ୍ରଣା ନିସର୍ଗରେ ଅନୁଦିତ ହୁଏ। ଉଦିତ ଆଭାରେ ବ୍ୟବସ୍ଥିତ ହୁଏ, ଅନେକ ଅଦୃଶ୍ୟ ତଥ୍ୟ ଦର୍ଶନୀୟ ଦସ୍ତାବିଜ୍ ହୋଇ।

ସେହି ସଂସ୍ଥାପନର ଦଖଲରେ ଦାବାନଳର ଜ୍ୱାଳା ବୈଶାଖର ଲୀଳା ତଥା ଅହେତୁକ ଅହମିକା ଅବଲୀଳା ଖଞ୍ଜି ହୋଇଯାଏ। ଭୌତିକ ଭଙ୍ଗିମା ତା'ର ନୈତିକର ସୀମା ଛୁଇଁ ପୁଷ୍ପିତ ସୌହାର୍ଦ୍ଦ୍ୟରେ ନିୟନ୍ତ୍ରିତ ହୁଏ। ତପ୍ତ ବୈତରଣୀ ତରିବାର ପ୍ରଚେଷ୍ଟା ପ୍ରବଳ ପ୍ରତିକୂଳର ଭିଡ଼ ଠେଲି ତମସା ତୋଡ଼କୁ ବେଖାତିର କରେ।

ରାତିର ରୀତିକୁ ପ୍ରତିହତ କରି ପ୍ରତିଭାତ ହୁଏ ପ୍ରଶାନ୍ତ ସକାଳ। ସେହି ସୂଚୀବନ୍ତ ସକାଳର ସମୁଚିତ ଶିକ୍ଷାରେ ସେଞ୍ଜୋଜିତ ହୁଏ ସମଦର୍ଶୀତା। ଅସୁଖର ଅସ୍ମିତା ଶୁଖେଇ ଶାଖା ମେଲି ଦିଏ ସସ୍ମିତ ସୌଜନ୍ୟ। ବିଦ୍ୟାଧର ଭାବେ ବିଦ୍ୟମାନ ନରଦେହୀ ନେଳିଆ ଶିଆଳଙ୍କ ଗୋଳିଆ ଗଣିତର ଗଣ୍ଠିଲି ଉନ୍ମୋଚିତ ହୋଇଯାଏ। ଚକ୍ରାନ୍ତର ଚକବନ୍ଦୀ ସାଥେ ପ୍ରଗାଢ ଫନ୍ଦି ଫିକର ଆପାଣାର ଉତ୍ସୁକତା ହରାଏ। ପାରିବାର ପରାକାଷ୍ଠାରେ ହାରିବାର ହାହାକାର କ୍ରମଶଃ ଅପସରି ଭିନ୍ନ ଏକ ଦୁନିଆ ଦେଖାଏ।

ପାରିଜାତ ପରି ପ୍ରତ୍ୟୟର ପ୍ରଯୁକ୍ତିରେ ନିଯୁକ୍ତ ସଂଶୋଧନ ପ୍ରଚୁର ପରିପନ୍ଥୀକୁ ପରାହତ କରେ। କାଳି, କଲମ ଓ ମନର ମେଳକରେ ହସି ଉଠେ ଶୃଜନୀର ଶତଦଳ। ଶାଶ୍ୱତ ସଙ୍ଗୀତର ଅନନ୍ୟ ଇଙ୍ଗିତରେ ସଂରଚନା ସବୁ ନବୀନ ଉନ୍ମେଷ ପାଇ ଉଥିତ ହୁଏ। ସନ୍ନିହିତ ସଂଜୀବନୀର ସ୍ୱାକ୍ଷର ବହି ସଞ୍ଜୀବିତ ରୂପାୟନ ସଂସ୍କାରିତ ତଥା ପ୍ରକାଶିତ ହୁଏ, କବିତାର କଳେବର ନେଇ, ସ୍ୱତନ୍ତ୍ର ସକାଳ ଆସି ଶିଖେଇବା ପରେ।

ଏଥିରେ ସନ୍ନିହିତ ପ୍ରାୟ ସମସ୍ତ କବିତା ବିବିଧ ପତ୍ରିକାରେ ପୂର୍ବରୁ ପ୍ରକାଶିତ। କିନ୍ତୁ ଏସବୁର ଏକତ୍ରୀକରଣ କରି ନୂତନ ସଙ୍କଳନ ସମର୍ପି ଥିବା ବ୍ଲାକ୍ ଇଗଲ ପ୍ରକାଶନ ସଂସ୍ଥାକୁ ମୋର ହାର୍ଦ୍ଦିକ କୃତଜ୍ଞତା। ପୁସ୍ତକ ପ୍ରକାଶ ପାଇଁ ଆଦ୍ୟାଶା, ସଞ୍ଜୟ, ଶ୍ରୀମନ୍ତ, ସୁକାନ୍ତ ତଥା ନିରଞ୍ଜନଙ୍କ ସମୃଦ୍ଧ ସହଯୋଗ ପାଇଁ ମୋର ଅପ୍ରମିତ ଆପଣାପଣ ରହିଛି ରହିବ। ଗୀତିକବି ପୂର୍ଣ୍ଣଚନ୍ଦ୍ର ବଳ ତଥା ହରେକୃଷ୍ଣ ବାରିକ୍(ସମ୍ପାଦକ ସୁଧା)ଙ୍କର ଅକୁଣ୍ଠ ସହଯୋଗ ବାସ୍ତବିକ୍ ଅଭିନନ୍ଦନୀୟ। ସାହିତ୍ୟ ଅନୁରାଗୀ ଉପେନ୍ଦ୍ର ରାଉଳ(ବିଶିଷ୍ଟ ଅଧିବକ୍ତା ଓ ସମାଜସେବୀ) ତଥା ସୁହୃତ୍ ପାଠକ ମାନଙ୍କୁ ମୋର ଏହି ସଙ୍କଳନ ସମର୍ପି ଦେଉଛି, ପୂର୍ବବତ୍ ସମାଦର ପ୍ରାପ୍ତି ଅନୁସରି।

– ନୃସିଂହ ବେହେରା

ସୂଚିପତ୍ର

ସଂସ୍କାର	୯
ସକାଳ ଆସି ଶିଖେଇବା ଯାଏ	୧୧
ଚକ୍ରାନ୍ତର ଚକବନ୍ଦୀ	୧୩
ଖାମଖିଆଲ	୧୫
କରତାଳି	୧୭
ଆସନ	୧୯
ଅବସର ଅବକାଶ	୨୨
କାଳି କଲମ ଓ ମନର ମେଳକ	୨୪
ଆଲୋକ	୨୬
ଅଦୃଶ୍ୟ ଆତତାୟୀ	୨୮
ଅକୃତଜ୍ଞ	୩୦
ସ୍ୱାର୍ଥର ପରିସୀମା	୩୨
ସତ୍ୟର ଅମୃତ	୩୪
ନକଲ	୩୬
ନର୍କରୁ ନିର୍ମାଲ୍ୟ	୩୮
ଚଷମା	୪୦
ନିଦ	୪୨
ମିଛର ମୟୁଖ	୪୪
ଟିକିଏ ଜାଣି ଟୋକିଏ ଜଣେଇବା	୪୭
ଉତ୍ସାହ	୪୯
ଅସୁଖ ସୁଖେଇ ହୁଏ	୫୧
ମାନପତ୍ର	୫୩
ଫାନ୍ଦ	୫୬
ଫାନ୍ଦ – ୨	୫୮
ବହି	୬୦
ଦୁଃଖ	୬୨
ଦେହ ପାଇଁ	୬୪
ଏକାକିତ୍ୱ	୬୬
ପେଣ୍ଠୁର ବହପ	୬୮
ଦାଦାଗିରି	୭୦
ବାନର ଉବାଚ	୭୨
ଖଳନାୟକ	୭୪

ଅସୁୟାର ନଳା	୭୬
ନିଜ ଭାବନାରେ	୭୮
ପ୍ରତିକୂଳ	୮୦
ବିଦ୍ୟାଧର	୮୨
ସ୍ୱଭାବ	୮୪
ସଚେତନ ଶିକ୍ଷା	୮୬
ସଚେତନ ଶିକ୍ଷା - ୨	୮୮
ଅହଙ୍କାର	୯୧
ଅହଙ୍କାର - ୨	୯୩
ଘରଭଙ୍ଗା	୯୬
ଘରଭଙ୍ଗା - ୨	୯୯
ଛୁଆ ବୋଉ	୧୦୧
ରାକ୍ଷସ	୧୦୩
କୃପଣ	୧୦୫
ମରଣକୁ କିଣିବା ମଣିଷ	୧୦୭
ଠକାମି	୧୦୯
କାଗଜଫୁଲ	୧୧୧
ପରିକ୍ରମଣର ପଞ୍ଚମ ସଂଖ୍ୟା	୧୧୩
ହାତ	୧୧୫
ଗରମ	୧୧୭
ବିଦେହୀର ବ୍ୟବଚ୍ଛେଦ	୧୧୯
ସୁବାସ	୧୨୧
ଅଶାନ୍ତି	୧୨୩
ଗୋଲିଆ ଗଣିତ	୧୨୫
ଗରମ ଗଣ୍ଡିଲି	୧୨୭
ପ୍ରଣମ୍ୟ ପାୟୂଷ	୧୨୯
ନରଦେହୀ ନେଲିଆ ଶିଆଳ	୧୩୧
ପୋକ	୧୩୩
ପୌରୁଷ ପ୍ରତୀକ	୧୩୫
ପୁନଶ୍ଚ ମହିଷାମର୍ଦ୍ଦିନୀ	୧୩୭
ଭୁଲିବାର ଭାଷ୍ୟ	୧୩୯
ଘର	୧୪୧
ଜୀବନ ଜ୍ୟାମିତି	୧୪୪
ଖବର	୧୪୬
ଭିନ୍ନ ଏକ ଅବଲୋକରା	୧୪୮

ସଂସ୍କାର

ଆଗରୁ ନଥିଲା ବୋଲି ନୁହେଁ।
ଥିଲା।
କେଉଁଠି ବଡ଼ଙ୍କ ବଡ଼ିମା ତ
କେଉଁଠି ପେଞ୍ଚୁଆଙ୍କ ସ୍ୱାର୍ଥର ଇନ୍ଧନ ପାଇଁ
ଆଉ କେଉଁଠି ଜିଦିଆଙ୍କ ଜନ୍ତା ପାଇଁ ତ
କେଉଁଠି ପରମ୍ପରା ଦ୍ୱାହିରେ ଦୋହଲି
ଦହଗଞ୍ଜ ଦେଇଛି
କ୍ରମଶଃ କୁସଂସ୍କାର
ଦନ୍ତା ହାତୀ ପରି।

ଅଜ୍ଞତାର ଅଭ୍ୟାସ ବଶରେ
ଆଧିପତ୍ୟ ଜମେଇଥିବା ସେହି ଅମଛାକୁ
ପୋଛିବାକୁ କେତେ ନିଷ୍ଠା ଚେଷ୍ଟା ଚଳିଛି
ଅଭିନବ ଝାଡୁଦାର ହୋଇ।
ଯେମିତିକି ତଥାଗତ ତୁଟେଇଲେ
ପଶୁବଳିର ବିଭତ୍ସ ନୈବେଦ୍ୟ।
ରାଜା ରାମ ମୋହନ ନିଆରା ସଂସ୍କାରକ।
ସତୀ ଦାହ ଆଉ ବାଲ୍ୟ ବିବାହ ବିରୋଧରେ
ପ୍ରମୁଖ ନାୟକ ସାଜି
ସଜେଇଲେ ନାରିତ୍ୱର ବାସ୍ତବ ବସ୍ତୁତ୍ୱ।
ସନ୍ଥ କବୀରଙ୍କ ଠାରୁ ସାବରମତୀର ପାନ୍ଥ ଯାଏ

ଅନେକ ଦୀପଶିଖା ଘୁଞ୍ଚେଇଛି
ଧସେଇ ପଶିଥିବା
କେତେ ତିମିରିତ କୁସଂସ୍କାର।
ତଥାପି ସଂସ୍କାର ଥିଲା ଚଳଣି ଚଉହଦିରେ
ସାମାଜିକ ସୁନୀତି ସମ୍ପ୍ରତି ବହି।
ଆଜି କିନ୍ତୁ ସଂସ୍କାର ସଙ୍କଟ।
ଉତ୍କଟ କର୍କଟ ପରି ଚିନ୍ତା ଚେତନାରେ ବିରାଜିତ।
ଯେମିତି ବିଜ୍ଞାନ ବଢୁଛି ସେମିତି ସଂସ୍କାର ଚିଡୁଛି
ନୈତିକ ଶାଖା କ୍ରମଶଃ ଥୁଣ୍ଟା କରି।
ମୋବାଇଲ୍ ଆଉ ଯାନ୍ତ୍ରିକ ସଭ୍ୟତାରେ
ଯୁଡୁବୁଡୁ
ସେହି ଜନ ପୁଣି
ତାନ୍ତ୍ରିକ ମୋହ ମୁଦ୍ଗର ବୋହୁଛି
ନଥିବାରେ ଥିବାର ବିଶ୍ୱାସ ବସେଇ।

ଡାହାଣୀରେ ଦଖଲ ଦାଖଲ,
ସର୍ପାଘାତରେ ଗୁଣିଆ ଗଣିତ
ପରାଗ ପରିହିତ ବେଳ ପାଇଁ
କଟକଣାର ବଳାତ୍କାର ପରି
ଅନେକ ବହୁରୂପୀ କୁସଂସ୍କାର ଦହିଚି ଦହୁଚି
ପାରମ୍ପରିକ ପ୍ରଶାସକ ପରି।
ଇଣ୍ଟରନେଟର ବିଜ୍ଞ ବଳୟରୁ
ଯଦି ଏମିତି ଯଜ୍ଞ ନ ସରିବ
ତେବେ ଅମିତ କୋକୁଆର କାୟା ରହିଥିବ
ସୁଷମ ସମାଜ ପାଇଁ ବିଷମ ବିସ୍ତାରି।

ସକାଳ ଆସି ଶିଖେଇବା ଯାଏ

ପରହସ୍ତାର ଇସ୍ତାହାର ଅଛି ନା
ପର ଅଧୀନ ହେବାର ପାଣିପାଗ ଅଛି
ଉତ୍କର୍ଷ ସାଧନାର
ଉତ୍ସର୍ଗ ପାଇଁ ବାଧିତ ହେବାର ଅଛି ?
ନା ବିଧିବିଧାନ ବିଧାକୁ ଡରିବାର ଅଛି ।
ଅଛି ଖାଲି ଇଚ୍ଛାର
ଆଚ୍ଛାକରଣ ପାଇଁ
କଳା, ମେଳା, ମେଘ, ରଙ୍ଗ ଆଉ
ସାଙ୍ଗର ସଙ୍ଗୀତ ସାଥେ ମେଘ ରଙ୍ଗୀନ ପାନୀୟ ।
ସେଥିପାଇଁ ବିଲର ବିଲୁଆ ଏବେ
ବଜାର ଛକର ଭାଲୁଆ
ଶାଖା ମୃଗ ଶିକ୍ଷାର ସାରଥି
ଛେଳି ପହଁରୁଛି ଅଗାଧ ଖାତିର ଭିତରେ
ବେପରୁଆ ବେପାରି ପାଲଟି,
ହାତୀ ବତଉଛି ଖାଦ୍ୟ ସୁରକ୍ଷା ନିଦାନ
ଖାଦାନ ହାତେଇ ତଥା
ଚିତାବାଘ ମାରୁଛି ଚିଟ୍-ଫଣ୍ଡର ଛକା ।
ସବୁ ତ ସ୍ୱାଧୀନ ।
ଛାତିରେ ଛେପ ପକେଇବାର
ଛଇ ଓ ଛାଇ ରହିବ କିଆଁ ?
ବଳାତ୍କାର ପାଇଁ

ନାବାଳକ କାହିଁକି ଦୋଷୀ ହେବ ?
ଇଜ୍ଜତ ଘୋଡ଼େଇବା ପାଇଁ
ପୀଡ଼ିତା ଶବ୍ଦ ଯୋଡ଼ି
ଦେଖାଶୁଣା ମାଧ୍ୟମ ଜଣଉଛି
ବହୁତ ବିବେକୀ ହୋଇ ।
ବଲୁଆ ଜାତିଭାଇଙ୍କ ଖେଳୁଆମତି
ତଥା ପାରିବାର ପଣ ପାଇଁ
ପାରିଜାତ ଗଛଳି ଯେଉଁଠି ପଚା ପଡୁଚି
ସେଇଠି,
ମଲ୍ଲୀମାଳତୀକୁ ପଚାରେ କିଏ ?
ଖାଲି ବିଦେଶୀ ଇଲମକୁ
ଦେଶୀ ମଲମ କରିଦେଲେ ହେଲା ।
ଏମିତି ଚଳିତ ଉଆଁସ ଚଳନ
ଯେମିତି ରହିଛି ରହିବ
ସ୍ୱତନ୍ତ୍ର ସକାଳ ଆସି ଶିଖେଇବା ଯାଏ ।

ଚକ୍ରାନ୍ତର ଚକବନ୍ଦୀ

ଦୂରବନ ପରି ଚମତ୍କାର ଚଉହଦି ଦେଖି
ପଖେଇବା ପରେ
କାହାଣୀ ଭାଲୁର ଚାହାଣୀରେ
ଆଖୁଫଳ ଖୋଜିଲି ।

ଅବଶ୍ୟ ପାଇଲି,
ଅସୀମ ଅସୂୟା ଯୁଦ୍ଧ ଯୁଦ୍ଧବୁଦ୍ଧ ଅଭିଜ୍ଞ ବିରୁଡ଼ି
ଷଣ୍ଢ ରଡ଼ିର ସଣ୍ଢୁଆସି
ଛଞ୍ଚାଣ ଆଖିର ନିଖୁଣ ଉପସ୍ଥିତି ସାଥେ
ମହୁମାଛିର ଛାୟା ଛବିରେ
ମାଛିର କାୟକଳ୍ପ ।

ସେ ସବୁ ପୁଣି ବାହାରକୁ
ହିତକାରୀ ହାତର ସୁନା ଆତ ସାଜୁଛି
ଠିକ୍ ଯାଦୁକରୀ ମାୟାର ଚକ୍ଷୁବନ୍ଧନ ପରି ।

ସେହି ମତିରେ ମତୁଆଲା
ପୁଞ୍ଜା ପୁଞ୍ଜା ସମଜିବୀଙ୍କ ଯନ୍ତ୍ରଣାରେ
ତଥା ଚକ୍ରାନ୍ତର ଚକବନ୍ଦୀରେ
କେତେ ସାଣିତ ଚକ ବାହାରି
ଗଣିତ ବଦଳେଇ ଦଉଛି ।

ସ୍ୱେଚ୍ଛାଚାରୀ ବିଦେଶୀ ଶାସକ ପରି
କାଇଦାରେ କଇଦି କରିବା
ଔକାତ୍ ଦେଖି ନୌକାରୁ କାତ ହାତେଇବା
ଦାଦାଗିରିରେ ଦାଦନ ଖଟେଇବାର କଳା
ସେ ମତିର ନିତ୍ୟ ଅନୁଗତ ।

ଆତ୍ମ ପ୍ରତ୍ୟୟ ନ ଥିଲେ
ପ୍ରତିକୂଳକୁ କଣ ପଛେଇ ହୁଏ ?
ଏମିତି ଦୂଷିତ ପାଇଁ ସୁଶିତ ସଜ୍ଜନ
ବର୍ଷାକୁ ଛତା ଦେଖାଇ
ଚଳେଇ ଚଳିବା ଫିଙ୍ଗିବାକୁ ହେବ
ଚିକ୍କଣ ଚାକଣ ଚେହେରାକୁ
ଚିହ୍ନି ଚିହ୍ନେଇବାର
ସାହସ ସଞ୍ଚି ସାମ୍ନା କଲେ
ଚେର କାଟି ହେବ ।

ଖାମଖିଆଲ

କୁହୁଡ଼ି କବଳିତ ଆଖି ପରି
କ୍ଷମତା କୋଳେଇ ଥିବା ଅହଙ୍କାର
ଅନେକ ଶ୍ରେୟକୁ ହେୟ କରିଥାଏ ।
ଏମିତିକି, ନଈ ମଲା କି ମାତିଲା
ବନ ଚୋରେଇ କେଉଁ ବାଘ ଧନବାନ୍ ହେଲା,
ସଂସାରି ପାହାଡ଼
କାହା ପାଇଁ ସନ୍ନ୍ୟାସୀ ସାଜିଲା
ଆଉ
ହେବ ହେବ ବୋଲି କେଉଁ କାମର କପାଳ
ଫାଟିଲା
ଆଖି ପକେଇବାକୁ ବେଳ ନ ପାଇ ।

ବଗ ପକ୍ଷିଆ ମତ କଣ
ମାଛର କାତି ଅଜାତିକୁ ନିଘା ଦିଏ ?
ରଙ୍ଗିଲା ଆଲୁଅ
ଯାହା ପାଖରେ ହାଉଜାଉ
ସେଇଠି ରୋଗିଣା ଦ୍ୱିତୀୟା ଜହ୍ନ
ନ ରସି ରଷିଲେ କେଉଁ କାମ ଅଚଳ ?

ମଖମଲି ଚଳଣି ଚାଲୁ ଚାଲୁ
କିଛି ଆସବାବ ଅଳିଆ ହୁଏ

କିନ୍ତୁ ଗୋଦାମ ହେଲେ
ତାହା ବାସ ଦେଇଥିବା ବିଷଧର ଅକସ୍ମାତ୍
କାହାକୁ ଅବଶ୍ୟ ସ୍ୱର୍ଗଦ୍ୱାର ପଠେଇ ପାରେ।
ସ୍ୱର୍ଗକୁ ସିଡ଼ି ପକେଇବାକୁ
ଲଙ୍କେଶ୍ୱର ରାବଣର କ୍ଷମତା କୁଆଡ଼େ
ଅକ୍ଷମ ନଥିଲା
ଟିକେ ଖାମଖିଆଲି ପାଇଁ
ଇଚ୍ଛା ତାର ଇଚ୍ଛାରେ ରହିଲା।

ସେହି ଖାମଖିଆଲର କଲିଜା କମ୍ ନୁହେଁ
କିଲିବିଲି ସାଥେ ଉଆଁସି ଆକାଶ ଦେବାକୁ
ସିଏ ପୁଣି ଆଣିପରେ ଶରାଘାତ ପରି କ୍ଷତ
ଘୂର୍ଣ୍ଣିଝଡ ପରି ଅବାଧ ଅଘଟଣ ସାଥେ
ମାନନୀୟ ସମୟର ବୃଥା ଅପଚୟ।
ବେପରୁଆ ଭାବରୁ ଉଦ୍ଭବ
ଏଇ ଅବଗୁଣକୁ ଚୁଲିକୁ
ନହେଲେ ଚାଳ ତ ଜଳିବ
ଖେଳ କେତେ ପାଣିଚିଆ ହେବ
ଫୁଲ ଆଉ ଭଲର ଦୀର୍ଘଶ୍ୱାସ ଦେଇ।

କରତାଳି

ଅଭିନୟ ତ ଅଭିନୟ
ସେଥିରେ ସେମିତି କଣ ଅଛି ?
ଅଛି ।
ବିନ୍ଦୁରୁ ବିରାଜିତ ସୂକ୍ଷ୍ମ ସ୍ଥୁଳକୋଣ ପରି
ମନଭେଦୀର ଭିନ୍ନତାରେ
କେଉଁଠି କ୍ଷୀଣ
ପୁଣି କେଉଁଠି ନିଖୁଣ କୋଣାର୍କ ।
ଦର୍ଶନୀୟ ମାଧୁରୀ ଫୁଟେଇଥିବା ଫୁଲକୁ
ଉତ୍‌ଫୁଲ ମାନସ ସମର୍ପି ଦିଏ
କରତାଳି ଦେଇ ।

ଅଭିନେତାରୁ ନେତା, ବକ୍ତା ଯାଏ
କିଏ ନ ଚାହେଁ
ଯଦିଓ ଚାଇଁବା ପାଇବାର
ଫରକ ଫୋପଡ଼ିବା ସେତେଟା ସହଜ ନୁହେଁ ।
ତଥାପି ସେଇ ସାବାସି ପିପାସାରେ
ମନ ବାଇଆର
ଉଚ୍ଚ ବହୁଙ୍ଗାରେ ବସା ।

ଗୁମ୍ଫା ଛାଡ଼ିବା ଠାରୁ
ମଣିଷ ହାତରେ ଗୁନ୍ଥି ହୋଇଥିବା

ସେହି ନିଆରା ବାଦ୍ୟର ନିନାଦ
ମନଛୁଆଁ ଝଲକର
ପୁଲକିତ ପ୍ରତିରୂପ ଟିଏ।
ଯେଉଁ ଉଲ୍ଲାସରେ ରୂପାୟିତ
ଆନର ଉତ୍କର୍ଷ ଉନ୍ମେଷ ପାଇଁ
ନିସର୍ଗ ତାରିଫର ନିର୍ମଳ ଅନୁଦାନ।

ଅବଶ୍ୟ ଅଯୋଗ୍ୟ କିଛି ଆଜିକାଲି
ଯୋଗାଡ଼ିଆ ହାତ ତାଳି ଭଡ଼ାରେ ଭିଡେଇ
କାଇଦାରେ ନେତା ଆଉ
ସଉଦାରେ ସାହିତ୍ୟିକ ସାଜି ପାରୁଛନ୍ତି,
ରଙ୍ଗମଖା ସଜ ପରିବା ପରି।

ନ ବୁଝି ନ ଶୁଝି ଚପଳମତି ମାନେ,
ଯାଇତାୟୀ କରି
ସରଳମତି ସରଜେ
ବିଭୁ ନାମ ଧରି
ପରନ୍ତୁ ବାଜେ ନାହିଁ କେବେ ଗୋଟିଏ ହାତରେ ତାଳି

ଦୁଇ ହାତର ମିଳନ ମୟୁଖ
ସେଇ ହାତତାଳି ସତରେ ଅତୁଳନୀୟ
ଯୋଗ୍ୟର ସୁସଞ୍ଜ ଯୋଗାସନ ପାଇଁ।

ଆସନ

ସମୟକୁ କଣ ସିଝେଇ ହୁଏ ?
ହୁଏ ।
ସଜେଇ ବି ହୁଏ ।
ଏଥିପାଇଁ ଆସନ ଅସ୍ମିତା ଶସକ୍ତ ପାବାନି ।

ଶକ୍ତିରୁ ସୁକ୍ତିର ସ୍ଥାପତ୍ୟ
ଦେବା ନେବାର ଦାମ୍ପତ୍ୟ
ଲାଭ ଲୋଭର କାରବାର
ତଥା ନାହିଁ ନଥିବା ହେରଫେର ସବୁ
ତା ତତ୍ତ୍ୱରେ ଆଗରୁ ଏଯାଏଁ କେଉଁଠି ଆଗରେ ନାହିଁ ?
ଥିଲା ବୋଲି ପୁରାଣରୁ ଇତିହାସ ପିଠେଇଚି
ଆକାଶେ ତାରା ପରି ପରିଣତି ।
ଚୁମ୍ବକୀୟ ଆକର୍ଷଣ ତାର
କେତେ ଆତ୍ମୀୟତାରୁ ଆତ୍ମାକୁ ତଡ଼ିଚି
ରକ୍ତ ନଦୀ ତୀରେ ସ୍ମୃତି ସ୍ତୁପ ଗଢିଛି
ରାଜାକୁ ମହାରାଜର ସ୍ୱପ୍ନ ଦେଖେଇଚି ।

ଅବଶ୍ୟ ଏକଦମ୍ ଆଗର କଥା ଅଲଗା ।
ସାଧା ସିଧା ବେଶ ବାସରେ ତାର
ମିଶିଥିଲା ନିରୁତା ସ୍ୱଚ୍ଛତା
ସିଧା ବୁଦ୍ଧ ତପସ୍ୱୀଙ୍କୁ

ଉତ୍କର୍ଷ ଉଚ୍ଚତା ଦେଇ।
ଯଥୋଚିତ ସନ୍ନିଧାନ
ଯଥାମନ୍ୟର ପାଞ୍ଚଜନ୍ୟ ସାଥେ
ସୁଗମ ସମ୍ପ୍ରିତିରେ ସଜୁଥିଲା ସିଏ।

ପରେ ପରେ ବଦଳିଲା ନକ୍ସା
ଚାରୁକଳାର ଚମକ,
ମଣି ମାଣିକ୍ୟର ଝଲକ ଧରି
ସିଂହର ବପୁଷ୍ମାନ ହୋଇ
ମନକୁ ଛୁଇଁଲା।

ନିଆରା ନୈପୁଣ୍ୟ ନଥିଲେ
ମୟୂର ସିଂହାସନ କଣ
ଦେଶାନ୍ତରୀ ହୋଇଥାନ୍ତା ?
ନା ବାତ୍ରିଶ ସିଂହାସନ ଦେଇଥାନ୍ତା ମହତ୍ କାହାଣୀ।
ଏବର ଦାମ୍ କଣ କମ୍ ?
ଅବୋଧଙ୍କ ଧନ ଧରି
ଆସନ ହସୁଛି କୋଟିଏ ଟପେଇ
ସଂସାର ବିରାଗୀ ବୈରାଗୀ ବସେଇ।

କ୍ଷମତାର କ୍ଷେତ ଖମାର ଧରି
ଛଇଳ ଛଳନା ଫେଣ୍ଟି
କେତେ ଛବିଳ ପ୍ରତିଶ୍ରୁତି ନ ବାଣ୍ଟୁଛି ?
ଗଣତନ୍ତ୍ରରେ ଗଢା
ରଙ୍ଗିଲା ପଛର ଅସନା ବାସନା
ସେହି ହେଉନି କି ବୋହି ହେଉନି
ଦୁର୍ଘଟଣା ପାଇଁ ଯାନର ଭୂମିକା ଯେମିତି
ଆସନ ସେମିତି।

ଉପବେଶନ ସାମୟିକ ବୋଲି
ବସିବା ଜନ ଜାଣିଲେ ନିଶ୍ଚୟ ଜିଣିବ,
ଅଯୋଗ୍ୟ ଦୁରୁପଯୋଗୀ
କାଳ କାଳ କଳଙ୍କ ବୋହିବ।

ଅବସର ଅବକାଶ

ଦୈନିକ ରୀତିରେ ସମୟ ଧରି
ଜୀବନ ଗତିଶୀଳ।
ବନ୍ଧୁର ସଙ୍କଟ ହେଉ
କିମ୍ବା ବିଭୋର ମୁକୁଟ ପାଉ
ସବୁଠି ସେ କର୍ମରେ ଚାଳିତ
ପବନରେ ନଈର ଢେଉ ପରି।

ପରନ୍ତୁ ସରକାରୀ ପରି
ଆଉ କିଛି କାମର ଆସର
ଜଣାଶୁଣା ଠିକଣାରେ ଅବସର ନିଏ।
ସେହି ଅବକାଶର
ଚିହ୍ନା ଆସନ ଅଚିହ୍ନା ଭାବ ବହେ
ବାଘୁଆ ମୁହୂର୍ତ୍ତ ମୁହଁ ମୋଡ଼ିଦିଏ
ଗୋଧୂଳି ଖରାରୁ ଖସି ଉତ୍ତାପ ଉଭେଇବା ପରି।
ଅଭ୍ୟାସରେ ବଶୀଭୂତ ଦିନ ଚାହୁଁ ଚାହୁଁ
ଅବଲୋକରରୁ ଅବିବେକୀ ହୋଇ
ବେଶ୍ ଲମ୍ୱିଯାଏ।
ଚମ୍ପା ଫୁଲିଆ ମୁଲକର ମାଲିକାନାରେ
ଇନ୍ଦ୍ରଧନୁ ସାଥେ ଆହୁରି କେତେ କଣ
ଜଣାରେ ହୋଇଯାଏ ଜବରଦଖଲ
ଦଖଲ ହୁଏ ଥିବାରେ ନଥିବା ଆତ୍ମୀୟତା।

ଲୋଡ଼ିବା ଭାବର ଅଭାବରେ ପେଶି ହୋଇ
ଜୀବନ ଧୀରେ ଧୀରେ ପେଚା ହୋଇ
ତୁଚ୍ଛାରେ ଜଙ୍ଗଲ ଜଗେ।
କେମିତି କେଜାଣି ଭିନ୍ନ ଏକ ପୃଥିବୀର
ଧୂଳି ମଳି ଧୁଆଁର ଚାହାଣୀ
କେତେ ନା କେତେ
ଡାକମୁନିସୀ ପରି କାହାଣୀ ଚହଟେ।

ତଥାପି ସବୁଠି ନଥାଏ
ସେମିତି ବିଷମ ନବଗୁଞ୍ଜର।
ଜୁଆରିଆ ବଳ ସରେ ନାହିଁ ସିନା
ସରେ ନାହିଁ ସବୁ କିଛି ସୁମତିରୁ
ଚେତୁଆଳ ଚାଷୀ ପାଣିପାଗର ଚେତାବନୀ ପାଇଥିବା ପରି।

ଯେହେତୁ ଅକଳଙ୍କ କଳାର କଲ୍ଲୋଳ
ମନ ଜିଣି, ସାହିତ୍ୟର ଅମଉଳା ନିଲୋତ୍ପଳ ପରି
ଅନେକ ସୁକିର୍ତ୍ତି ଏହି ବେଳର ନିସର୍ତ୍ତ ଅନୁଦାନ,
ସେହେତୁ ଅବସର ଅବକାଶ
ଅପାଙ୍କ୍ତେୟ ବାଲିବନ୍ତ କେମିତି ?

ଅବହେଳା ବୋଲୁଥିବା ଅମଣିଷ
ଆଖି ଖୋଲିଲେ ନିଶ୍ଚିତ ଦେଖିବ
ଅଭିଜ୍ଞମତିର ଜ୍ୟୋତିର ଜ୍ୟାମିତି
ସ୍ଥିତିର ସ୍ଥାପତ୍ୟ।

କାଳି କଲମ ଓ ମନର ମେଳକ

ତିନି ତୁଣ୍ଡରେ ଛେଳି କୁକୁର ପରି
ବୋଲିପରେ ବିପୁଳ ବିଭୋର
ଢାଳି ପାରେ ଅଜସ୍ର ଅଧିର।
ବିକାଶ ବିଥିକାର
ସକାଳ କଥିକାରୁ ଦେଖାଯାଉ।
ଫରକ କଣ ସେମିତି ଫିକା ଫାଙ୍କା ?

ସେହି ସନ୍ଥ ସକାଳରେ ଗୁନ୍ଥା
ଲେଖନୀରୁ ତାଳପତ୍ର ସଂସ୍କରଣ କଣ
ପୂଜନୀୟ ଫୁଲ ପେନ୍ଥା ହୋଇ ନଥିଲା ?
ପରେ ପରେ ଅବଶ୍ୟ କାଳି, କଲମର କମାଲ
ତାକୁ ନିହାତି ଅଲୋଡ଼ା କଲା,
ଅଜର ବୟସ୍କ ବାପା ମାଙ୍କ ପରି।
କଲମ, କାଳି ମନର ତ୍ରିବେଣୀ ସଙ୍ଗମ
କେତେ କଣ ନ କରୁଛି ସତେ ?

କରାମତି ତାର ଯେମିତି ମରାମତି କରିପାରେ
ମହିମା ତାର ସେମିତି ମାନନୀୟ ହୋଇ
କେତେ ହାତ ହାତେଇ ନେଉଛି।
ଆକାଶେ ତାରାକୁ ତୁଚ୍ଛ କରିଛି
କାଗଜ କିଆରୀରେ ଶବ୍ଦ ଜାଲକରେ ଫୁଲ ଫୁଟେଇ,

ଜ୍ୟୋସ୍ନାର ମାଧୁରୀ ପଛ କରି
ମଧୁମୟ ସାହିତ୍ୟର ଶେଫାଳୀ ବାଣ୍ଟୁଚି ?
ଯଥୋଚିତ କିମିଆରେ
ମତିରୁ ଶକ୍ତି ଯାଏ ମାତି
ବଢ଼େଇଚି ଶୋଷିତର ଦାଢ଼।

ଜୀବନର ପହିଲି ଫଗୁଣ ଫଲ୍‌ଗୁରେ
କଳ୍ପନାର ଗୋଲାପି କୋଣାର୍କ
ବିନିମୟ କରୁଥିବା ହାତରେ ଏବେ
ନିଶ୍ଚୟ ସ୍ମାର୍ଟ ଫୋନର ଲୀଳା ଖେଳା
ତଥାପି କାଲି କଲମ ମନର ମେଳକ
ଅଳିକ ଚଳଣିର ଦଖଲ ଦାଖଲରେ
ଅମୃତର ତତ୍ତ୍ୱ ବହିଥିବ।

ଆଲୋକ

କାହାକୁ ଭଲ ନ ଲାଗେ
ପରଦା ଉଠିବାର ପରିସର।
ଭଲ ଲାଗେ ବୋଲି ତ
ସକାଳର ସମାଦର ନିହାତି ଅକ୍ଷତ।
ତାରା ଭର୍ତି ଆକାଶରେ ପୁନେଇର ପରିସଂସ୍ଥା
ସେମିତି ପ୍ରୀତି ଝରା ମୁହୂର୍ତ୍ତର ମଧୁପାତ୍ର ଟିଏ।
ବର୍ଷା ଆସରରେ ଆହୁରି ବିଭୋର ଭରୁଥିବା
ସାତ ରଙ୍ଗ ଧନୁ ବି,
ସେହି ଆଲୋକର ଅବଲୀଳା।

ଆଶ୍ୱସନାରେ ଆଉଁସୁଥିବା
ମାୟାବୀ ମରୀଚିକା ଅବଶ୍ୟ
ତାର ଏକ ଭିନ୍ନ ଅଭିସାର
ମନ ଶୋଷୁଥିବା ଛଳନାମୟୀ ପରି।

ସେଥିପାଇଁ କଣ ତମସାର ସ୍ତୁତିଗାନକୁ
ସରକାଳ ଚଳେଇ ହେବ ?
ହୁଏନି ବୋଲି
ଦୀପଳିର ସଂସ୍ଥାପନ ତଥା
ରୋଷଣୀର ଆୟୋଜନ
ନୂଆରୁ ନୂଆ ବିକାଶରେ ଅନ୍ଧାର ତଡ଼ିଚି

ଦୃଶ୍ୟର ଦଖଲ ଦାଖଲ କରି ।
ଆଖି ସାମ୍ନାରେ ସଂସାରର ବାସ୍ତବ ବସ୍ତୁତ୍ୱ
ଆଖିର ସେପରି ତତ୍ତ୍ୱ ତରସିବାରେ କଣ କମ୍ ?

ତମସୋ ମା ଜ୍ୟୋତିର୍ଗମୟ
ଅନୁଗତ ଅନେକରୁ ଏକ ହୋଇ
ତଥାଗତ ବିସ୍ତାରିଲେ ସିଦ୍ଧିରୁ ବୁଦ୍ଧତ୍ୱ,
ବାଲ୍ମିକୀ ବିତରିଲେ ଅପୂର୍ବ ଲାଳିତ୍ୟ ।

ଜଗତ ଜୀବନର ମତି ହୋଇ
ସତର ସ୍ୱରୂପରେ ଗତିପଥ ସୁଗମରେ
ସିଏ ଏକ ଅମୋଘ ନିଦାନ ।
ଆଲୋକର ଆତଯାତ ନଥିଲେ
ନଥାନ୍ତା ଚଳଣିର ଚମତ୍କାର
ବିକଶିବାର ଦିବାକର
ତଥା ଅମୃତଲଗ୍ନା ଓଁକାର ।

ଅଦୃଶ୍ୟ ଆତତାୟୀ

ନାହିଁ ନଥିବା ବେଳ
ଚଳି ଚଳଉଛି କୃଷ୍ଣପକ୍ଷ ତିଥି
ପ୍ରଗତିର ପତିଆରା ପୋତି ।
ବିଚରା ମଣିଷ ନିଜେ ନିଜ ହେୟ ପାଇଁ
ଲଗେଇଛି ତାଲା ଆତଙ୍କରେ ଯୁଡୁବୁଡୁ ହୋଇ ।
ନା ମିଳୁଛି ମୁକୁଳିବାର ମହୌଷଧି
ନା ପାଉଛି ଚିରା ଚରିତ ସକାଳ ।

ପାଉଛି ଖାଲି
ଶୁନ୍ ଶାନ୍ ଇଲାକାରେ ସେପାରିର ପରୁଆନା ।
ଭୟରେ ଉଭେଇଛି ପାରମ୍ପରିକ ଶବ ସତ୍କାର
ସଂସ୍କୃତି
ମଶାଣି ବି ଅକ୍ତାମକ୍ତା ।
ତଥାପି ଥକ୍କା ନେଉନି ସେହି
ଅଦୃଶ୍ୟ ଆତତାୟୀ ।
ଶବ୍ଦଭେଦୀ ବାଣ ପରି ନିଶବ୍ଦରେ ଭେଦୁଛି ମଣିଷରୁ
ମଣିଷ
ଅପୂର୍ବ ବଲୁଆ ହୋଇ ।

ଜୀବନ ଯେଉଁଠି ଅରକ୍ଷିତ
ଜୀବିକାରେ ଅମାନତ କାହିଁ ?

ଯାନ୍ତ୍ରିକ ଜଗତ ନୀରବି ଯାଇଛି,
ଚଉଦିଗେ ଫାଟକ ପଡ଼ିଛି,
ଯାନ ଅଭିଯାନ ଅଚଳ ହୋଇଛି।

ସବୁ ସାମାଜିକ ନୀତିକାନ୍ତି
ଜାକିଜୁକି ପେଚା ପାଲଟିଛି,
ଅନାଗତ ଏକ କ୍ଷୁଦ୍ରାତି କ୍ଷୁଦ୍ର
ଭୁତାଣୁ କବଳିତ ହୋଇ।

ପ୍ରତିହତ ପାଇଁ ଅସ୍ତ୍ର କାହିଁ?
ବିକଶିତ ବଡିମା ବେକାର
ସାରା ସସାଗରା
ନିହାତି ନାଚାର
ମଣିଷ ଛାର
ଦେବାଦେବୀଙ୍କ ପୀଠରେ ତାଟି କବାଟ ପକେଇଛି
ବେପରୁଆ କରୋନା।

ଆରକ୍ଷୀ ଆଖିରୁ ଅପରାଧୀ ଲୁଚିବା ପରି
ଅବଶ୍ୟ ପଳେଇଛି ପ୍ରଦୂଷଣ।
ଶୁକ୍ଳପକ୍ଷ ରଚିଛି
ମଳାଜହ୍ନ ହୋଇଥିବା ମାନବିକତା।

ନଶ୍ୱର ଜଗତରେ ସବୁ ଯେହେତୁ ଇଶ୍ୱରୀୟ
ସେହି ତତ୍ତ୍ୱରେ କରୋନା ବି
ସ୍ୱତ୍ୱ ଚାହିଁ ପାରେ ଈଶ୍ୱର ସନ୍ତାନ ଭାବେ।
ତଥାପି ସୃଷ୍ଟିରେ ଶ୍ରେଷ୍ଠ ମଣିଷ।

ଯାହାର ଦେହର ଦିବ୍ୟ ଜ୍ଞାନରେ
ସନ୍ତୋଷ ଜଗଦୀଶ
ସିଏ କେବେ ଏମିତି ହାରିନି
ନିରାଶାରେ ପଛକୁ ଫେରିନି
ଜିତାପଟ ଧରି ରହିଛି ରହିବ।

ଅକୃତଜ୍ଞ

କଥା ଥିଲା, ଖାତରୁ ଉଦ୍ଧରିବା ପରେ
ଧରେଇବ ବିପୁଳ ଐଶ୍ୱର୍ଯ୍ୟ
ସେ କଥା ନାକଚ କରି
ଧରିନେଲା ବିମୁକ୍ତ ବାଘ ବିଚରା ବାଟୋଇକୁ
ପେଟର ପୋଷାକ ପାଇଁ।

ହୁଏତ ଲୋକର ଲୋଭ ଅଥବା
ଅପୋଷା ପଶୁତ୍ୱ ଏମିତି କାହାଣୀରେ
ମନଭେଦୀ ଚେତନା ବାଣ୍ଟୁଚି କାହିଁ କେତେ କାଳୁ।

ଅଳିଆ ପରି ଏକାଳେ ଫୋପଡ଼ା ନବଜାତକଟିକୁ
କୋଳେଇ ନେଇ, ମମତା ମୟୁଖ ଦେଇ
ଉଡ଼ାଣ ଦେବା ପରେ ଯେଉଁ ଫେଡ଼ାଣ ମିଳୁଛି
ତାହା କଣ ବାଘୁଆ ବେଇମାନରୁ ଊଣା ?
ନିହାତି ଅଲୋଡ଼ା ଭାବେ ଯିଏ ସଢ଼ିଥାନ୍ତା।
ପ୍ରଯତ୍ନରେ କଢ଼ିରୁ ଫୁଲ ହୋଇ ବିକଶିବା ପରେ
ପାଳକକୁ ପାଦରେ ଏଡ଼େଇ
ପରହସ୍ତା ହେଉଥିବା ରୂପସୀର
ଏମିତି ରୂପାୟନ ସେଇ ତତ୍ତ୍ୱରେ ବୃତ୍ତାନ୍ତ।

ଅତୁଳ ଆତ୍ମୀୟତାରେ

ଆଯାଚିତ ସମ୍ବଳ ଯୋଗେଇ
ଯୋଗ୍ୟ କରିଥିବା ପୁଅଠାରୁ ଯେଉଁଠି
ବୃଦ୍ଧାଶ୍ରମ ମିଳେ
ସେଇ ପ୍ରତିଦାନର ପରିଭାଷା କଣ ?
ବୟସ ଗୋଧୂଳିରେ ଧୂଳି ହୋଇଥିବା
ଅନାବିଳ ପିତୃତ୍ୱ ପରି
ଅନେକ ଅମୃତ ଭିଜା ହଜୁଚି
ଅବିବେକୀ ତାଡ଼ନାରେ କୁମ୍ଭୀରିଆ ଆଚରଣ ପାଇଁ।

ଦୂଷିତ ମତିର ସେହି ଚାହିଁ ନ ଚାହିଁବା
ବନ୍ଧୁତା ପରି ଅନେକ, ଭିତରକୁ
ଯେତେବେଳେ ଧସେଇ ପାଶେ ସେତେବେଳେ
ଝରାପତ୍ର ପରୁଆନା ସବୁଜିମା ଶୋଷେ
କୂଳ ପାଇବା ନାଆ କଣ ନା ନାଉରୀ କିଏ ?

ତରସୁଥିବା ତିତିକ୍ଷା ସାଥେ
ପଛରେ ଯେତକ ତ୍ୟାଗ ପୋଛି ହୋଇଯାଏ
ଅକୃତଜ୍ଞ ଅଦଉତି ପାଇଁ
ଅବଶ୍ୟ ସେହି ଅଦୃଶ୍ୟ ଉପତ୍ୟକାକୁ
ପହିଲେ ସହଜେ ଆଖିପାଏ ନାହିଁ
ପର ପରେ କବଳିତ ହେଲେ ବଳ ହଜିଯାଏ
ଉଆଁସରେ ଉବୁଟୁବୁ ହୋଇ।

ମଗଜକୁ ସେମିତି ରଖିଲେ
ସଜେଇ ହୋଇଥିବା ସେହି ଅକୃତଜ୍ଞ
ଜନ୍ତାକୁ ହୁଏତ ଆଡ଼େଇ ହେବ
ନଚେତ୍ ଅବୋଧ ଜୀବନ ଜୁଇକୁ ଭେଟିବ।

ସ୍ୱାର୍ଥର ପରିସୀମା

କାହିଁ କେବେ କାଳୁ ଜାଗତିକ ଚଳଣି ଚଳୁଛି
ନିୟମର ଧଳା ଲୁଗା ପିନ୍ଧି ।
ନା ଅଛି ଦିନର ଦଖଲରେ ଲୋଭିଲା ପଣ
ନା ଅଛି ରାତିର ରୀତିରେ
କାଣିଚାଏ ହେରଫେର ।
ପଛଘୁଞ୍ଚା ଦେଉନଥିବା ପାହାଡ଼କୁ ପଛେଇ
ଚୁଲିବୁଲି ଝରଣା ତ ନଈକୁ ଆଦରି
ସାଗରର ସମାଦର ପାଉଛି ।
ନଜର ଭିତରକୁ ଆସୁଥିବା ସକଳ ସଚଳ ପୁଣି
ନିଜ ପରିଧି ଆଡ଼େଇ
ସେମିତି ଅଡୁଆ ସାଜୁନାହାନ୍ତି
ଯେମିତି ମତଲବି ମଣିଷ
ଗୋଟେଇ ପଟେଇ ଆଶାନ୍ତି ସଞ୍ଚୁଛି ।

ସବାଖିଆ ଉଇଠାରୁ ଉତ୍କଟ ମତିର
ଅନାକଟ ଭୋକର ଆବର୍ତ୍ତରେ
ଅତୃପ୍ତିର ଅପରିସୀମ ଅଭିବ୍ୟକ୍ତି ।
ତୃପ୍ତିର ପରିପ୍ରକ୍ଷ କାହିଁ ?
ନାହିଁ ବୋଲି ଅସ୍ମିତାର ଆସ୍ଫାଳନ
ଦଶାନନୀ ଦର୍ଶନ ବୋହୁଛି ।
ନ୍ୟାୟ ତ ନିଜର ହୋଇଥିବା ନଜର ମଧ୍ୟ

ସେହି ବେପରୁଆ ବିଚାରରେ
ତାଡ଼କୀୟ ଉତ୍ପାତ ଫିଙ୍ଗୁଛି
ଅସୂୟା ଅଳିଆରେ
ସସ୍ମିତ ସମୟକୁ ପୋତୁଛି
ଜହ୍ନ ରାତିକୁ ବାଦଲ ପରି ।
ଆପଣାର ସ୍ୱାର୍ଥର ରସାଳିକରଣ ପାଇଁ
ନାହିଁ ନଥିବା ଫନ୍ଦି ଫିକର ଖଞ୍ଜି
ବେହାଲ କରୁଛି ଆଜିରୁ ଆଗାମୀ ।
ଦୁଃଶାସନୀ ମତି ଓ
ସମ୍ପ୍ରିତିର ସନ୍ତୁଳନ ।

ଝଡ଼ ବିଜଡ଼ିତ ବଗିଚା ପରି ବିକ୍ଷିପ୍ତ
ପରିବାର ପରିସର, ପ୍ରତିବେଶୀ ପ୍ରିତିଝର
ସନ୍ନ୍ୟାସୀ ର ଉପଚାର
ତଥା ଶାସକର ଉତ୍ସର୍ଗ ବିଚାର ।
ଉଷା କାଳରୁ କାଦୁଅ ବୋଳି ପାରୁଥିବା
ସ୍ୱାର୍ଥର ବିଷମ କାମନା ଆଉ ସୁଷମ ପ୍ରତାରଣାକୁ
ପରଖି ପହଁରିଲେ
ଗୋପର କଦମ୍ବ ପୁଲକ ଢାଳିବ
ନଚେତ୍, ଆସୁଖର ବାଇଡଙ୍କ ଯାତନା ଭରିବ ।

ସତ୍ୟର ଅମୃତ

ଗତାୟୁର ଗୀତିକାରେ ଗୁନ୍ଥା
ବଚନ ବଞ୍ଚାଇବାର ଅଟଳ ଅଙ୍ଗୀକାର ବନ୍ଧ
ଅବଧ୍ୱ ଚାହଁଟୁଛି ଦିଗରୁ ଦିଗନ୍ତ ।
ଅଭିନବ ଧ୍ରୁବତାରା ପରି ।

ସେହି ଆଲୋକରେ ଝଲସୁଛି,
ମର୍ଯ୍ୟାଦାର ମହୋଦଧି
ସଂସ୍କାରର ଚିତ୍ତ ଶୁଦ୍ଧି ତଥା
ସଂହାର ସିଂହାବଲୋକନ ଧାରି
ରାଜୀବ ଲୋଚନ ରାମଙ୍କର ଅନୁପମ କୀର୍ତ୍ତି ।

ହରିଶ୍ଚନ୍ଦ୍ରଙ୍କର ହିନସ୍ତା
ସେହି ଚେତନା ଚାହାଣୀର ଚିତ୍ର ।
ବୀରତାର ବ୍ୟତିରକେ
ଦାତା ପଣ ବିଭୂଷିତ କର୍ଣ୍ଣଙ୍କର ପୌରୁଷ
କଣ ପ୍ରଣିଧାନ ନୁହେଁ ?
ତର୍ପଣ ଅର୍ପଣରେ ବିଗଳିତ
ବଳି କଣ ବଳିଷ୍ଠ ଦର୍ପଣ ନୁହେଁ ?

ବଉଳା ଗାଈର ତତ୍ତ୍ୱ
ଆଜି ବି ବାଉଳା କରେ

ମତିରୁ ମନ୍ତବ୍ୟ
ସତ୍ୟର ଗୁରୁତ୍ୱ ବଖାଣି ।

ବୁଦ୍ଧଙ୍କ ସରଣୀରୁ ଗାନ୍ଧୀଙ୍କ କରଣୀ ଯାଏଁ
ସେହି ଆଲୋକର ଅକଳିଆ କପୋତ ଉଡୁଛି
ମରଣର ବହପ ହଜେଇ ।

ସତ୍ୟରେ ଯ୍ୟୋତିଷ୍ମାନ ଜୀବନ
ଅବଶ୍ୟ ଯାବତୀୟ ଯାତନାକୁ ଭେଟେ ।
କଣ୍ଟକିତ ପଥରେ କୁହୁଡ଼ିକୁ ଝୁଣ୍ଟୁଥିବା
ଜୀବନର ମୁହୂର୍ତ୍ତ ସେମିତି ମାତେନି
ଚିରସ୍ରୋତା ପରି ।

ଯେହେତୁ ସତ୍ୟର ଅମୃତ ଅତୁଲ୍ୟ,
ମର୍ତ୍ତ୍ୟରେ ମହଜୁଦ ନିଆରା ନିର୍ମାଲ୍ୟ
ସେହେତୁ ସେ
ନଶ୍ୱର ଭିତରେ ଭାସ୍ୱର ଗୋଲାପ ।

ନକଲ

ପଶୁପକ୍ଷୀର ଆଚରଣ ଉଚ୍ଚାରଣ ଅନୁସରି
ପ୍ରକାଶିତ ଉପପାଦ୍ୟ ଉପଭୋଗ୍ୟ ହୋଇ
ମନକୁ ମଜେଇଛି ମଜାଦାର ଭାବେ।
ମଣିଷ ପୁଣି ମଣିଷର ଢଙ୍ଗବେଢ଼ଙ୍ଗକୁ
ଅବିକଳ ଉତାରି ବିତରି
ମତେଇଛି ହସରୁ ବିସ୍ମୟ।
କୌତୁକ କୌମୁଦୀରେ ଭରିଛି
କାଲିର ଲୋକ ନାଟକରୁ ଆଜିର ଛାୟା ଛବି ଯାଏ
ନକଲର ଅମଉଳା ବିମୁଗ୍ଧ ମୟୁଖ।

ବାସ୍ତବିକ୍ ନକଲର ବସ୍ତୁତ୍ୱ
ଅବାସ୍ତବ ନୁହେଁ।
ପଛଘୁଞ୍ଚା ନାହିଁ ତାର ନାହିଁ।
ପୋଷାକରୁ ଚଷକ ଆଉ
ଚାଳକରୁ ଶାସକ ଯାଏଁ
ଶାସନ ଆସନ ତାର ନିହାତି ଆନକଟ।

କେବଳ ମନୋରଞ୍ଜନରେ ସବୁଠି ସେ ନକଲ
ଲଘୁ ରସରେ ଚଳିତ ଯାଇତାଇ ନୁହେଁ।
ଅଫିସରେ ପୁରୁଣା ଦଲିଲ୍ ର
ନବୀକରଣ ପାଇଁ ସିଏ ତ

ଫଗୁଣର ନୂଆ ପତ୍ର ପରି ବାଞ୍ଛନୀୟ।
ଜେରକ୍ସ ବା ଫଟୋକପି ତ
ନିହାତି ମେଣ୍ଟଢ଼
କଳା କାଗଜର ମରାମତି
ନକଲ ପାଇଁ ଆଜି ବି ଇତି ଗାଥା।

ନକଲ କରିବା ଜୀବିକାକୁ ଯେମିତି
ପୋଷାକ ଦେଉଛି
ସେମିତି ହାସ୍ୟ ରସର କାରକ ସାଜିଛି
ମାତ୍ର ଏବର ଶିଆଳିଆ ଛାତର
ପରୀକ୍ଷା ବେଳେ ନକଲର ଛକା ପଞ୍ଝାକୁ
କଣ ସେମିତି ମାନ୍ୟ ଦେଇ ହବ ?
ହେବନି ବୋଲି ତ
ତାର ସେହି ମାଛି ପରି ଭାବ
ନାକ ଟେକା ପାଏ।

ପୁନଶ୍ଚ ସେହି ବିଥିକାରୁ ବ୍ୟଥିତ ବି ମିଳେ
ସାହିତ୍ୟରେ ଯେବେ ଜମି ଯାଏ।
ଯାହା ହେଉ ପଛେ ନକଲ ରହିଛି ରହିବ
ମଣିଷର ସାଥେ
ଆପଣାର ଗୁଣ କର୍ମେ ବହୁରୂପୀ ହୋଇ।
ମାତ୍ର,
ସୁକ୍ଷମରୁ ଲେଉଟିଲେ
ଓଲଟା କଇଁଛ ପରି ଅଗତି ପାଇବ
ଅଥବା
ତକ୍ଷକର ତାଡ଼ନା ସହିବ।

ନର୍କରୁ ନିର୍ମାଲ୍ୟ

ବାଘ ଦିନେ ବାଉଳାକୁ ବାହୁଡ଼େଇ ଥିଲା
ସଙ୍କୋଚପଣିଆ ପାଇଁ ପିଠି ଥାପୁଡ଼େଇ
ସିଂହ ବି ସେମିତି ଏଣ୍ଡ୍ରୋକ୍ଲିସ କୁ
ଭିନ୍ନ ଚାହାଣୀରେ ଚାହିଁ କାହାଣୀ ରଚିଚି
ସମ୍ପ୍ରୀତିର ପ୍ରତିଦାନ ଦେଇ ।

ଏମିତି ଆହୁରି ଅନେକ
ପଶୁତ୍ୱ ବଦଳି ଶେଫାଳୀ ସାଜିଛି
କଥା ଉପକଥାର ବିଥିକା ବିସ୍ତାରି ।
ସେହି ପଶୁତ୍ୱ କିନ୍ତୁ ରାଜତ୍ୱ କରୁଛି
ଜୀବରେ ସାର
ନର ମତିରେ ରୀତିମତ ରହି ।

ସେଥିପାଇଁ ସେଇଠି
ଚେତନାରେ ଚିତାବାଘ ଚିତା କାଟୁଛି,
ଆଚରଣରେ ଅରଣା ମଇଁଷି
ଉତ୍ପାତ କରୁଛି,
ବିଚାରରେ କୁମ୍ଭୀରିଆ ବ୍ୟଭିଚାର
ନିରୀହ ନାଶୁଚି ।
ଆଖି ବୁଜି କ୍ଷୀର ପିଉଥିବା ବିଲେଇ ପରି
ସେହି ଅମଣିଷ ରୀତି ଯେମିତି ସ୍ୱଚ୍ଛତା ଶୋଷୁଛି,

ଆଖି ଦେଖେଇ ସେମିତି ଆତଙ୍କ ବୋଲୁଛି ।
ତତ୍ତ୍ୱରେ ତାର
ଅବୋଧ ଅବାଧ ନିଶା ନିହାତି ବଣୁଆ ।
କେଉଁଠି ଗୁଳି ଚଳାଇ
ଆଉ କେଉଁଠି ବୋମା କୋଳେଇ
ସରଳ ଚଳଣିକୁ ଛିନ୍ ଭିନ୍ କରୁଛି
ରକ୍ତର ପିପାସା ।
ସନ୍ତ୍ରାସ ବାଣ୍ଟୁ ଥିବା ସେହି ଆତ୍ମଘାତୀ
ନିଶ୍ଚୟ ବୁଝେ ନାହିଁ ଆତ୍ମୀୟତାର ଶୃଙ୍ଖଳା
ସୃଜନୀର ଲଳିତ କଳା,
ବୁଝିଲେ ବିଭସ୍ତ ବୋଝ କାହିଁକି ବହାନ୍ତା ?

ଝରକା ଖୋଲିଲେ ସିନା ଆଲୋକର ଅବଲୀଳାରୁ
ନର୍କରୁ ନିର୍ମାଲ୍ୟର ବାଟ ଦିଶନ୍ତା,
ଲଳିତ ଲୀଳାର ଅମୃତ ମିଳାନ୍ତା ।

ଚଷମା

ଏଇନେ କେତେ କଣ ହାଉଯାଉ ହେଉଛି
ମଣିଷ ବୁଦ୍ଧିରୁ ଫଳିତ ପେନ୍ଥା ପେନ୍ଥା ଉପଯୋଗ
ଚଳଣି ଚହଟାଇ
ପ୍ରଗତିର ପ୍ରଯୁକ୍ତି ପ୍ରସରୁଛି ।
ଏଥିପାଇଁ ଆସିଛି ଅନେକ
ଯାଇଛି ବି ଅନେକ ।
ରହଣିରେ ସେମିତି ସ୍ୱଚ୍ଛତା ଧରି
ନ୍ୟୁନ ହୋଇନି କାଚର କିମିଆ,
ମିତ ପରି ହିତକାରୀ ସାଜି ।

ନାଲି ନେଳୀ ସ୍ୱରୂପରୁ
ରଙ୍ଗୀନ ଦୁନିଆ ଦେଖାଇ
ଦାଖଲ କରେ ଅପୂର୍ବ ଉଲ୍ଲାସ
ଶୈଶବକୁ ପ୍ରଲୋଭିତ କରି ।
ବୟସର ବସନ୍ତରେ ସିଏ ବଶୀଭୂତ କରେ
ସାକ୍ଷାତ ସମ୍ଭ୍ରାନ୍ତ ପରି
ଆକର୍ଷଣୀୟ ପରିପାଟୀରେ
ସଉକ ପ୍ରତୀକ ହୋଇ ।
ଗୋଧୂଳି ଇସାରାରେ
ଫଗୁଣ ମୁହଁ ମୋଡ଼ିବା ପରେ
ସିଏ ବେଶୀ ସହଯୋଗୀ ହୁଏ ।

ସାଧାରଣ ହେଲେ ବି
ଅସାଧାରଣ ତାର କରାମତି।
ଆଖି ପାଇଁ ଆଖିଟିଏ ହୋଇ
ହଜିଲା କ୍ଷମତା ସହଜେ ଭରଣା କରେ
ପ୍ରତ୍ୟାଶା ନ ରଖି।
ରଙ୍ଗୀନ ଚଷମା ଯେଉଁଠି
ଆଖି ବଦଳରେ ମନରେ ଲାଖି ଥାଏ
ସେଇଠି,
ଅସତ୍ୟର ଅଭିସନ୍ଧି ମଉହାତୀ ହୁଏ।
ବାସ୍ତବ ଚଷମା କିନ୍ତୁ ଅତୁଲ୍ୟ ସହଯୋଗୀ
ଅନୁଗତ ଅନୁକୂଳର ଆଧାର
ଉଦାର ଜହ୍ନରାତି ପରି।

ନିଦ

ମାଟିର ଦେହରେ ଆଲୁଅ ଛାଇ ପରି
ସଚଳ ସୀମାରେ ନିଶ୍ଚଳ ଲଗ୍ନ
ସ୍ୱୟଂଚାଳିତ ।
ସେହି ସୁଲଗ୍ନା ସଜୀବ ସତ୍ତାକୁ
ନିସର୍ତ୍ତରେ କୋଳେଇ ନେଇ
ସଶକ୍ତ ସମୟ ଦିଏ
ମଇଳା ହକଳା ସଫା ଲୁଗା ପରି ।
ସୂକ୍ଷ୍ମ କୋଳର ସ୍ୱପ୍ନର ସ୍ୱରାଜରୁ ତାର
ସ୍ଥୂଳ ସତ୍ତାରେ
ସ୍ୱଚ୍ଛଳ ଚଳଣି ଚଳାଏ
ନିତି ସକାଳର ସଜଫୁଲ ପରି ।
ମଣିଷ ଯେଡ଼େ କ୍ଷମତାର ଅଥବା
ଜାଇତାଇ ହେଉ ପଛକେ
ସାମୟିକ କବଳରୁ ତାର
ମୁକୁଳିବା ସହଜ ନୁହେଁ ।
ହେବ କେମିତି ?
ଯେଉଁ ଶିକୁଳିରେ
ଏତେ ଅନୁଦାନ ତଥା
ପୁନଶ୍ଚ ଜାଗିବାର ନିଦାନ ନିହିତ
ସେହି ଦିନକୁ କଣ ଛାଡ଼ି ହୁଏ ?
ସେ କିନ୍ତୁ ଛାଡ଼େ ।

ସୁନିଦ୍ରା ପାଇଁ
କେତେ ମୁଦ୍ରା ନ ସାରେ ମଣିଷ।
ବେଳେ ବେଳେ ଆଡ଼ରୁଷା ଦିଏ।
ଗୋଲାପୀ ନିଶାରୁ ଛିଡ଼ି
କଣ୍ଟାରେ ପୀଡ଼ିତ ବୀରହି ସହି
ଅବାଧ ବ୍ୟାଧିରେ ହନ୍ତସନ୍ତକୁ ଛାଡ଼େ।
ଅଶାନ୍ତ ମାନସରେ
ଅଯଥା ଆଶା ପହଁରେଇ
ଯିଏ ଉତପ୍ତ ଉତ୍କଣ୍ଠାରେ ଯନ୍ତି ହୁଏ
ତାକୁ ଦେଖି ସେହି ନିଦ ମୁହଁ ମୋଡ଼ିଦିଏ।

ମାପଚୁପ ନରଖି ଅଧିକ ଲୋଡ଼ିଲେ
କିନ୍ତୁ, ସିଏ ଧୋକା ଦିଏ
ବିଚରା ଠେକୁଆଠୁ କଇଁଛଠୁ ହରେଇବା ପରି।
ପରନ୍ତୁ
ଠିକ୍ ଠାକ୍ ଥିଲେ ଠକେନି ଠିକଣା
ଅନୁକୂଳ ହୁଏନି କେବେ ବାଟବଣା।

ମିଛର ମୟୁଖ

ସଭା ଯଦିଓ ଦୁଇ ତିନି ଶହରେ ସୀମିତ
ଉଭା ହୋଇଯାଏ ଆଉ ଦୁଇ ତିନି ଶୁନ
ଧରି
ନେତାଙ୍କ କଥାରେ
ବିଗଳିତ ଅନୁଗତ ଉପସ୍ଥିତ,
ଲେଖା ଦେଖା ମାଧ୍ୟମରେ ବାର୍ତ୍ତାରେ
ବିକଶିତ ।

ସଘନ ଚାଷ ପରି
ନିବେଶରୁ ଅମଳ ବଢ଼ିବା ପରେ
ଯେହ୍ନେ ତେହ୍ନେ କଲମି ଯୋଗାଡ଼ି
ଯାଇତାଇ ଗୋଟେ ଛାପି ଦେବା ପରେ
ଶତାଧିକ ଲେଖାର ବ୍ୟାପାର ମାନ୍ୟରେ
ମନବୋଧ ମାନପତ୍ର କିଣା ହେଉଛି
ବଳିଷ୍ଠ ବିଶେଷଣ ଧରି ।

ଭୋଗ ଉପଯୋଗରେ
ଅଠା ଲଗାଇବା ପାଇଁ
କିଛି ନିଲଠା ମତେଇ
ସ୍ୱଚ୍ଛଳ ସମୟ ହାତେଇବା ପରେ
ସଜ୍ଜନ ସମାଜସେବାର ପୂଜା ଓଟାରୁଛି

ନିର୍ଦ୍ଦୟ ନିଶା ବେପାରୀ।

ସୁଲଭରେ ବହୁ ଲାଭ ବିଜ୍ଞପିତ କରି
ଚିଟଫଣ୍ଡ ଚଟାପଟ୍ ଲୋଭର ମହୁ
ଚଖେଇ
କେତେ ଚିକ୍କଣିଆ ନ ହେଉଛି ସତେ ?

ସେ କାଳ କାହ୍ନାର କିମିଆରେ
ନିତି ନୂଆ କୁଆଁରୀ କୋଳେଇ
ଇନ୍ଦ୍ରପୁରୀ ପରି ଆସ୍ଥାନରୁ
ଇନ୍ଦ୍ରୀୟ ଆୟତ୍ତରେ ନିତି ଗାଥା
ତଥା ମନଭେଦୀ ମସଲା ବୁଣୁଛି
ଏ କାଳର ସଂସାର ବିରାଗୀ ବୈରାଗୀ।

ସୁନାଦେହୀ ଅଳସି କ୍ଷେତ ପରି
ଉପମା ଠାରୁ
ଚୁଲ୍ ବୁଲି ମନୋରମା ଯାଏ
ମିଛର ଭୁତାଣୁ କେଉଁଠି ନାହିଁ ?

ନା ଥିବାରେ ଥାକ ଥାକ ଥିବାକୁ
ଦେଖାଇ,
ନେବା ପାଇଁ ଅଭିନବ ଦଲିଲ୍
ଲେଖେଇ
ତଥା ମସୁଧାର ମହୁ ଟୋପେ ପାଇଁ
କେତେ ଫୁଲ ନ ଫୁଟାଏ ମିଛ
ମଧୁମାସ ?

ମିଛର ପୁଚ୍ଛ କେବେ ଛୁଇଁ ନାହିଁ ବୋଲି
ତାହା ମିଛୁଆ ହିଁ କେବଳ କହିପାରେ।

ମିଛ ମୟୂଖ ଅବଶ୍ୟ
ସାମୟିକ ଭଲ ଆଣି ପାରେ।
କାଳଜୟୀ ହୋଇ
ସତ ସକାଳକୁ ଜିତି ପାରେ ନାହିଁ।

ଟିକିଏ ଜାଣି ଟୋକିଏ ଜଣେଇବା

ବେଳକୁ ବଳାତ୍କାର କରି
ବଳେ ବଳେ ବଳୁଆ ସାଜି
ସଜ ମାଛରେ ପୋକ ପକାଉଥିବା
ସେହି ପୋକରା ମାନଙ୍କୁ କହୁଛି।
କାହା କାନ୍ଧକୁ ସିଡ଼ି କରି
କେହି ହୁଏତ କିଛି ବଢ଼ିପାରେ
ପରନ୍ତୁ,
ବଢ଼ିଆ ନଢ଼ିଆ ଗଛ ହୁଏ ନାହିଁ।
ଉଚ୍ଚ ହେବାର ଇଚ୍ଛା ଅବଶ୍ୟ ଅମଛା ନୁହେଁ,
କିନ୍ତୁ ପାଳଗଦାକୁ ସିଂହାସନ ଭାବିବା
ସାଂଘାତିକ, ବିକୃତର ସ୍ୱୀକୃତି ନୁହେଁ କି ?
ଫୁଲ ପରି ଉତ୍ସର୍ଗର ଉତ୍ସ ହୋଇ
ମନ ନେବାକୁ ମନା ନାହିଁ,
ଫୁଲେଇ ବେଙ୍ଗ ସାଜି
ନଥିବାରେ ଥିବାର ମାନପତ୍ର ମନାସିବା
ଏକ ବିକୃତ ମାନଚିତ୍ର।

ମଧୁମିତା ପାଇଁ
ଅସୀମ ଆକାଶକୁ ଅବଜ୍ଞା କରୁଥିବା
ମହୁମାଛି ପରି
ହିତ ବିତର ଆଜ୍ଞାବହ ନିଶ୍ଚୟ ଭଲ,

ଭଲେଇ ହୋଇ
ମାଛିର ମସୁଧାରେ ସୁଧ କଷା
କଣ ସୁଫଳ ସୁଚକ ?
ବିକଶିତ ଚମ୍ପକ କୁ ଫମ୍ପା ଫତୁରା କହି
ଟିକିଏ ଜାଣି ଟୋକିଏ ଶବ୍ଦରେ
ନିଜକୁ ଜଣେଇ ହେଉଥିବା
ଚୋର ଚେରର ଛଟକ ମୁକୁଟ ହୁଏ ନାହିଁ।

ଚିଲ ଛଞ୍ଚାଣର ଉଡ଼ାଣ,
ନିର୍ମୁଳି ଲତାର ଫେଡ଼ାଣ ସାଥେ
ଅନ୍ୟକୁ ସାନରେ ସୀମିତ କରିବାର କୁସ୍ପା ଛାଡ଼ି
ସାଧନାକୁ ସାଥୀ କଲେ ସୁଧାପାତ୍ର ମିଳେ
ବଡ଼ପଣ ବଇନ୍ତରି ଯାଏ।

ଉତ୍ସାହ

ଆଖିରେ ପଡୁଥିବା ଛୋଟ ପକ୍ଷୀଟିଏ ମଧ୍ୟ
ଆଖି ପାଉ ନଥିବା
ଆକାଶେ ନିଳୀମାକୁ ଆଖି ପକାଏ
ଉଲ୍ଲାସ ତୋଳିବା ପାଇଁ।
ସ୍ନେହ ଝରା ସୌନ୍ଦର୍ଯ୍ୟରେ
ଆଖ ପାଖର ଆଖିକୁ ନିତି ପାଖେଇ
ହସନ୍ତି ସାନ ସାନ ଫୁଲ ସମ୍ମିଳନୀ।
ସେହି ଆଧାରରେ
ଅଧୁରା କାମ ପୂର୍ଣ୍ଣ ହୁଏ
ଶୂନ୍ୟର ସନନ୍ଦ ଘୁଞ୍ଚି ଯାଏ,
ହାରିବାର ହାହାକାର
ପାଲଟି ଯାଏ ଝାରାପତ୍ର।

ଅକ୍ଲାନ୍ତ ସଂଘର୍ଷ ସରେଇ
ଧୈର୍ଯ୍ୟର ବସୁଧାକୁ ସଫଳତା ଦିଏ
ସାର୍ଥକ କୋଣାର୍କ।
ଇପ୍ସିତ ଇନ୍ଦ୍ରଧନୁ ଫେରି ଆସି
ଜୀବନକୁ ଜିମା ଦିଏ
ସଂଜମର ସଂଜୀବନୀ ତଥା
ସହାନୁଭୂତିର ସହନାଇ
କଷ୍ଟାକୁ କବଳିତ କରି

ଝଲସୁଥିବା ଗୋଲାପ ପରି
ସେହି ଉତ୍ସାହ ଯେମିତି ସବଳ।
ଇତିହାସକୁ ଐତିହ୍ୟ ଓ
ପୁରାଣକୁ ସସ୍ମିତ ପାର୍ବଣ ଦେଇଥିବା
ଉତ୍ସାହରେ ନାହିଁ
ସାନ ବଡ଼ର ପାତର ଅନ୍ତର,
ସମୟର ଅସମାନ।

ପାହାଡ଼େ ପ୍ରତିରୋଧକୁ ଠୁକର ମାରିପାରୁଥିବା
ଜୀବନ ମଧ୍ୟାହ୍ନର ଉତ୍ସାହକୁ
ଅକ୍ରୋଧରେ ପୋଷିପରିଲେ
ବାର୍ଦ୍ଧକ୍ୟ ପେଶି ହେବା ବଳେଇ ଯାଏନି।

ଅସୁଖ ସୁଖେଇ ହୁଏ

ଅଜବ ଫଣାରେ ବଢ଼ିଥିବା
ଗୁଜବ ଡେଣାରେ ଉଡୁଥିବା
ଅଲାଜୁକ ପାଇଁ
ଆଚାର, ବିଚାର, ଲୋକଚାର
ଉତ୍ତର ଉଦାର ଉପକାର ଆଦି
ଘୁଷୁରୀକୁ ପାଚିଲା କଦଳୀ ପରି ।

ତାଙ୍କ ପାଖରେ ନା ଅଛି
ମା ଓ ମମତା ପ୍ରତି ପ୍ରତିଦାନ,
ନା ଅଛି ଭାଇ ବିରାଦରଙ୍କୁ ଦରଦ
ନା ଅଛି ସମାଜ ପାଇଁ ବରାଦ
ଅଛି କେବଳ ଅବିବେକୀ ଶିଉଳି ସମ୍ଭାର
ଆଉ
ନିଜ ପାଇଁ ନାହିଁ ନଥିବା ଆଧାର ।

ତାଙ୍କର ଲୋଭର ଲାଭା
ପାହାଡ଼ ପରି ଦମ୍ଭିଲା ମନକୁ ମଧ
ଖ୍ନିନ୍ ଭିନ୍ କରି
ବିସ୍ମୟ ବସତିକୁ ନିକ୍ଷିପ୍ତ କରେ
ବିକ୍ଷିପ୍ତ ଭାବନା ବିତରେ ।

ପଞ୍ଚଭୂତ ରୀତିକୁ ସିନା
ସନାକ୍ତ କରି ହୁଏ।
ଆଖିରେ ନ ପଡ଼ି
ଆଖି ପକଉଥିବା
ଭୌତିକ ପ୍ରକୃତିକୁ
ସହଜେ ବଳି ହୁଏନି କି ଟାଳି ହୁଏନି।
ସେହି ଚିକିମିକି ଧାରୁଆ ଚକର
ଚକ୍ରାନ୍ତରେ ଆକ୍ରାନ୍ତ ହୋଇ
କେତେ ନୀରିହ ବାପୁଡ଼ା
ଖ୍ୟାୟକାଶରେ ମିଶନ୍ତି ଅଥବା
ଭାଗ୍ୟକୁ ଭରସି ଭାସନ୍ତି।
ଅଶାନ୍ତ ଲୁହ ଲହରୀରେ ଉବୁଟୁବୁ ହୋଇ
ଯିଏ ପହଁରା ଶିଖିଯାଏ
ସିଏ କୂଳ ପାଇ ପାରେ।
ଆପଣା କଳାରେ ଶାନ୍ତିର ଶିକୁଳି ଖୋଲି
ଭେଟୁଥିବା ସବୁ ବଙ୍କା ଟଙ୍କାକୁ
ସମତୁଲ କରି
ଆସୁଖ ସୁଖେଇ ପାରେ।

ମାନପତ୍ର

ଦୂରଭାଷର ଅଭାସରୁ ଦାଖଲ ହୋଇ
ଦେଖିଲି
ଭରପୁର ଆସରରୁ ଜଣ ପରେ
ଜଣେ ସଭା ମଞ୍ଚରୁ
ମାନ୍ୟ ଘେନିବାର ଅପୂର୍ବ ଦୃଶ୍ୟ ।
କଳରବ ପରି
କୁରୁଳିଥିବା ଅଚିହ୍ନା ମେଳରୁ
ଚିହ୍ନା ମୁହଁ କିଛି ମୋତେ ପଖେଇଲେ ।
ସନ୍ନିକଟ ଆସନର ବନ୍ଧୁ
ପାଇଥିବା ମାନ୍ୟ ଆଉ ମାନପତ୍ର ଦେଖାଇ କହିଲେ
ମୋ କଲମ କରାମତି ପୁସ୍ତିକା ସକାଶେ
ମନକୁ ମନ
ପଣ୍ଡିତ ଶେଖର ସାଜିଥିବା ସଦା ଦାଶ
ଦେଇଥିଲେ,
ଛତିଶ ଦୋଷର ଭାଷ୍ୟ ।

ଏବେ ମୋର ଏଇ
ବୃହସ୍ପତି ପଦବୀକୁ କଣ ସହଜେ ସହିବେ ?
ଆଉ ଦେଢ଼ ଦେଲ ନାହିଁ ସିନା
କାଗଜ ବଦଳରେ ମିଳୁଥିବା
ତମ୍ବା ଫଳକକୁ ଚାହିଁ ଦେଖ ତ ?

ମନ୍ତବ୍ୟ ଯୋଗାଇଲେ
ତାଙ୍କ ସହଯୋଗୀ ଜଣେ।
ତେବେ ଆପଣା ପାଉଣାରେ
ଏଇ ସବୁ ମାନ୍ୟ ଓ ମାନପତ୍ର ?

ପ୍ରଶ୍ନ ଶୁଣି ମୋର
ସେହି ଡାହାଣକୁ ଚଟ୍ କରି ଉତ୍ତର ଦେଇଁଲା
ଆମ ଅର୍ଥ ଆଦୌ ବ୍ୟର୍ଥ ନୁହେଁ।
ଅଧାରୁ ଅଧିକ ଯାଉନି କି ?

ରାଜଧାନୀରେ ଏତେ ରାଜକୀୟ ଆୟୋଜନ
କଣ ଏତେ ସହଜ ବେପାର ?
ଜାଣିଲି
ଉତ୍ତର ଦାତା ଯାଇତାଇ ଗ୍ରାହକ ନୁହନ୍ତି।
ଆଞ୍ଚଳିକ ଏଜେଣ୍ଟ ଭାବେ
ବଢ଼ିଆ କଡୁଆ।

ଜିଗଡ଼ିଆଙ୍କ ଯୋଗୁଁ
ଚାହିଁବା ପାଇବା ଜମା ଆଗଡ଼ିଆ
ନୁହେଁ।
ଶିକାରୀ କୁକୁର ପରି
ପାତ୍ର ପାତ୍ରୀ ସନ୍ଧାନିବା ଯୋଗୁଁ ସିନା
ଏମିତି ମହୋତ୍ସବ,
ମଉଡ଼ମଣିଙ୍କ ମାନପତ୍ର ମାରାଥନ୍
ସକାଳରୁ ରାତିକୁ ଲମ୍ବୁଛି।
ଆହୁରି ଜାଣିଲି
ନୂଆ ନୂଆ ସାଥିର ସଉକ ଧରା
ସ୍କୁଟି ଚଢ଼ା ପତୀଛଡ଼ା ରୂପସୀକୁ
ସ୍ୱେଚ୍ଛସେବୀ ଶାଶ୍ୱତ କୁସୁମ।

ଖଣ୍ଡା ବୁଲାଉଥିବା
ଭେଣ୍ଡା ପୁଅର ପଇସା ପାଇବା ପରେ
ଅଣ୍ଡା ବିକ୍ରି ଛାଡିଥିବା ନିରକ୍ଷର ବୁଢ଼ୀକୁ
ସାହିତ୍ୟ ପଲ୍ଲବୀ ଓ ସମାଜସେବୀ
କଥା କଥାରେ ଅକଥା ଯୋଡୁଥିବା
ହଡ଼ା ବେପାରୀକୁ ଆସୁ କବିର
ଉପାଧି ଯେଉଁଠି ଯୋଡୁଚି
ସେଇଠି ପାଞ୍ଚ ପଚିଶି କଥାର କଲମୀ
କଥାକାର
ବୃହସ୍ପତି ହେବା କଣ ବେଶୀ ବୃହତ ?

ଫାନ୍ଦ

ସରଳକୁ ଜଟିଳରେ ଯୁତୁବୁତୁ କରି
ପୁନେଇ ଜହ୍ନରେ ଜହରକୁ ଭରି
ଦିନକୁ ଦୁର୍ଦ୍ଦିନର
ଅନୁଗତ କରାଇ ପାରୁଥିବା
ପାରଙ୍ଗମ ମାୟା ମୃଗ ସିଏ।
ଯାହାର ପତିଆରାରୁ ପଇଠ ହୁଏ
ପଣସ ଖାଇ ଅନ୍ୟ ମଥାରେ
ଅଠାକୁ ଦେଖେଇବାର ପ୍ରଯୁକ୍ତି।
ବହୁରୂପୀ ବିପାସନା ତାର
ନଈକୁ ନିକିମା କଇଁକୁ କାନ୍ଦୁରୀ
ଫଗୁଣ ଗାଁରେ
ନିଆଁ ନା ଥାଇ ଧୂଆଁର ଧମାକା ଦେଖାଏ।
ଅକ୍ଟୋପସ ପରି
ସେହି ପୋଲୁହରେ ପଡ଼ିଗଲେ
ବଢିଯାଏ ହନ୍ତସନ୍ତ,
ବେଢ଼ିଯାଏ ବାଲିବନ୍ତ,
ଛିଡ଼ିଯାଏ ଗୋଡ଼ ହାତ ଆଉ
ଛାଡ଼ି ଶାନ୍ତିର କପୋତ।
ତାକୁ ପୁଣି ନ ଜାଣିଛି କିଏ ?
ଯମଜ ଭାଇ ପରି
ସ୍ୱାର୍ଥର ଅଭିଳିପ୍ସା ତଥା

ଅସୂୟାର ଅସଞ୍ଜାତ ତୃଷ୍ଣାରେ
ସଂଯୋଜିତ ତାର ନକ୍ସାର ଜାଲକ।
ଯାହାକୁ ଜାଣିଲେ ବି
ଅଜଣାରେ ଗୋଡ଼ ଖସିଯାଏ।
ଫାଟରେ ତାର ବେଶୀ କିନ୍ତୁ ପଡ଼ନ୍ତି
ଗୁଆଁର, ଉଦାର ଆଉ ଅଧୀର ମଣିଷ
ଆପଣାର ଦୃଷ୍ଟି ଦୋଷ ପାଇଁ।
କେବେ ମଖମଲ୍ଲି ପୁଣି
କେବେ ଚୋରା ବାଲି ହୋଇ
ଚେର କାଟୁଥିବା ସେହି ଫାନ୍ଦକୁ
ନ ଜାଣିଲେ ଜିଣିବା ଯମକ
ଯୁଇ ପାଲଟ୍ଟି
ହତାଶ ବତାସର ଅଝଟ ବଢ଼ିବ।

ଫାନ୍ଦ -୨

ସମତଳ ଜୀବନକୁ ଟଳମଳ କରିଥିବା
ବହୁରୂପୀ ଫାନ୍ଦର ନିବନ୍ଧ
ଡେଣା ଲଗା ବୟସ ଆଧାରରେ
ନିହାତି ନିଆରା ।
ସେହି ପାଥେୟରେ
ଗଣିତର ଗତି,ସାହିତ୍ୟର ଗୀତି ଗୁନ୍ଥି ହୋଇ
ବିନିମୟ ବିଥୀକାରେ କଥିକା ଜମାଏ ।
କେଜାଣି କେମିତି
ଯେମିତି ସେମିତି ଥିବା ବନ ଉପବନ
ଜହ୍ନ ଓ ପବନ ସବୁ
ନାହିଁ ନଥିବା ମହୁଝରର ପରି ନୂଆ ହୋଇ
ସସ୍ମିତ ସ୍ୱପ୍ନର ସମ୍ମିଳନୀ ରଚେ ।
ଅନୁରାଗ ଅନୂଦିତ ମାଦକର ମାୟା,
ରୂପରେ ଆରୂପର ଅପରୂପ କାୟା,
ଆକସ୍ମିକ ଉଷ୍ମତାରେ
ଆନମନା କରେ ଭିନ୍ନରୁ ଅଭିନ୍ନ ହେବାକୁ ।
ସଂଯୋଗରୁ ସୁଧାପାତ୍ର ପାଇଁ
ମନ୍ଥା ହୋଇଥିବା ସମୁଦ୍ର,
ଗୁନ୍ଥା ହୋଇପାରେ ଅନୁଶାସନର ଅନୁମୋଦନ
ଅପ୍ରତିଭ ହୋଇପାରେ ସୂର୍ଯ୍ୟର ସାମ୍ରାଜ୍ୟ
ଗଙ୍ଗୋତ୍ରିରୁ ଗଙ୍ଗା ପରି

ବହିଯାଏ କାମନା କଲ୍ଲୋଳ
ଅପରିମିତ ପରିପନ୍ଥୀକୁ ପଛେଇ।
କିନ୍ତୁ, ପାଇଥିବା ଆପଣାପଣ
ପାଣିଚିଆରେ ପଡ଼ିଲେ
ମନପକ୍ଷୀରାଜ ଛଟପଟ ହୁଏ
ତାତିଲା ତେଲ କଢ଼େଇରେ
ଜୀଅନ୍ତା ଗଡ଼େଇ ପାରେ।
ଯେଉଁଠି ଫୁଲର ଫଲଗୁରେ
ପ୍ରଜାପତି ମନ ତଥା
ମହୁମାଛି ଧ୍ୟାନ ଦୋହଲେ
ସେଇଠି, ଦେହଧାରୀ ହୋଇ
ଦହନ ନ ବହି
ପ୍ରୀତି ଫାନ୍ଦରେ କିଏ ନା ପଡ଼ିଛି ?
ପଡ଼ିବା ପରେ ଯିଏ ବେଢ଼ିର ବଳ କଳି ନାହିଁ,
ପେଡ଼ିର ସାପକୁ ସଠିକ୍ ସାମ୍ନା କରିନାହିଁ,
ସିଏ ଛିଡ଼ିଚି, ଝଡ଼ିଛି
ଯାତନା ଝଡ଼ରେ ପଡ଼ି।

ବହି

ଦେଖା ଶିଖାରୁ ଦାଖଲ ହେଇଥିବା
ଲୋଭନୀୟ ସ୍ୱପ୍ନର ସାକାର ପାଇଁ
ପଣ୍ୟ ଯୋଗାଡ଼ିବା
ତଥା ରୂପେଲି ରାତି ଓ ସୁନେଲି ଦିନକୁ
ଜମେଇବା ପାଇଁ
ମଣିଷ ଆଜି ବେଶ୍ ତତ୍ପର
ବ୍ୟସ୍ତ ମହୁମାଛି ପରି।
କାମଧେନୁର ଦଉଡ଼ି ଧରିବା ପାଇଁ
ଘୋଡ଼ା ପରି ଦଉଡ଼ି ଦଉଡ଼ି ନୟାନ୍ତ।
କାହା ପାଖରେ ଆଉ ବେଳ କାହିଁ?

ମନରେ ନୟନ ମିଶାଇ
କାଗଜକୁ ମଗଜ ଖସେଇ
ବସି ବସି ବହିଟିଏ ପଢ଼ିବ,
ତହିଁରୁ କିଛି ପାଇ ମରମେ ଯୋଡ଼ିବ?

ସେ ବେଳ ବଳଦ ହେଲାଣି।
ଏବର ନିକମା ମାନେ ଗଦିରେ ପଡ଼ି
ରିମୋଟ ମାଡ଼ି
କଳ ପେଡ଼ିରେ ଭଳି ଭଳି
ରଙ୍ଗୀନ ଛବି ଚଳେଇ ପାରନ୍ତି।

କ୍ରିକେଟ୍ ଖେଳ ଦେଖିବା ପାଇଁ
ମା' ର ମଡ଼ାକୁ ସଢେଇ ପାରନ୍ତି
କାମ ଛାଡି ସରକାରୀ ନିୟମକୁ
ଋତୁ ମତେ ନଇ କରି ପାରନ୍ତି,
ବହି ପ୍ରତି ପ୍ରୀତି ଢାଳି
ଆଦରି ନେବା ଯାହା
ଶୁଳିରେ ବସିବା ତାହା।
ଜଡ଼ ବହିରେ ନା ଅଛି
ନାୟିକାର ଅଧା ଖୋଲା ବେଶ
ନା ଅଛି
ଖଳନାୟକର ଖେଳର ସଚଳ ଦୃଶ୍ୟ।
ଅଛି
କ୍ଷଣିକ ଆମୋଦ ଠାରୁ
ଢେର୍ ବେଶୀ ଉତ୍କର୍ଷ ଉପାଦେୟ।
ଅଛି ଆଚ୍ଛା ହେବାର ଉତ୍ସ
ପ୍ରାପ୍ତିର ପାର୍ବଣ
ଶକ୍ତିର ଅରୁଣ
ଶାନ୍ତିର ସଞ୍ଜିବନୀ।

ଫଳଦାନୀ ଫୁଲ ପରି
ବହିର ସୌରଭ ଶାଶ୍ୱତ
ଗୌରବ ଅନିନ୍ଦିତ
ବିକଶିତ ପାଇଁ ବିସ୍ମୟ ପ୍ରଦୀପ।

ଦୁଃଖ

କାହା ପାଖରେ ନ ରହିଛି ?
ଅନ୍ଦିକନ୍ଦି ଭେଦି ଥିବା ପବନ ପରି
ସବୁରି ଭିତରେ ଆସ୍ଥାନ ଥାପିବାରେ
ସେ ସମର୍ଥ।
କେବେ ତରୁଣ୍ୟର ତରଙ୍ଗ ତୀର ଟପି
ଅପ୍ରାପ୍ତି ମାପିଲେ ଅଥବା
ଜୀବନ ଗୋଧୂଳିରେ
ଧୂଳିର ବହଳ ବଢ଼ିଲେ
ସେଇଠି ସେ ବହୁରୂପୀ ବହୁତ ବେହାଲ କରେ।
ଇଚ୍ଛାର ଆଚ୍ଛାକରଣ ତୁଚ୍ଛା ହେଲେ ପୁଣି
ପଡିଆରା ତାର ପାରାବାର ହୁଏ।

ଭୁଲ୍ ଟିଏ ପାଇଁ
ଭୋକିଲା ଭାଲୁ ପରି
ଧାରୁଆ ନଖରେ ଚିରି
ଚେହେରାକୁ ଚେରଯାଏ ହେରଫେର କରି ପାରେ।

ଭଲର ପାଖ ମାଡ଼ିବା
କୁଆଡେ ର ଭାବର ଅଭାବ।
ତେବେ କେଉଁ ଅଭଲ ପାଇଁ
ଶ୍ରବଣ କୁମାର ପରି ନିରୀହ ମାନଙ୍କୁ

ଶବ୍ଦଭେଦୀ ଶରରେ ନିଃଶେଷି
ପ୍ରିୟ ପରିଜନଙ୍କ ଜୀଇଁବା ଜଳାଏ ?

କବଜାରେ ତାର ଖଞ୍ଜି ନା ହେବା ପାଇଁ
ଗୌତମଙ୍କ ପରି ଅନେକ
ଗୈରିକ ହେଲେ ସିନା
ତା ଆଖିରୁ କଣ ସେମିତି ଫାଙ୍କି ପାରିଛନ୍ତି ?
ସେହି ଶୂନ୍ୟ ଦେହୀର
ପ୍ରଳୟ ଖଞ୍ଜା ତଥା ପାଶବିକ ପଞ୍ଝାରୁ
ମୁକୁଳିଛି କିଏ ?
ଯେହେତୁ ସେହି ଦୁଃଖ
ମାନସିକ ଅବସ୍ଥାର ବ୍ୟବସ୍ଥାପକ
ସେଥିପାଇଁ ମାପଚୁପରେ
ଧର୍ଯ୍ୟକୁ ରଖିଲେ
ଧସେଇ ପଶିବା ଧକ୍କା ଖାଇଯିବ
ପାହାଡ଼ ପରି ହେଲେ ବି
ପହଡ଼ ପକେଇ ହେବ ।

ଦେହ ପାଇଁ

ଚଳଣିର କ୍ରମବିକାଶରୁ ବିକଶିତ
ଶ୍ରାବଣ ପରି ପ୍ରସାଧନ
ମଣିଷ ପ୍ରସରି ଦେଉଛି
ମଣିଷର ଦୈହିକ ଫଗୁଣ ପାଇଁ।
ପୋଥି ଓ ନିଦାନ ମଧ୍ୟ
ଅନେକ ରୀତି ନୀତି
ଚାର ଉପଚାର ଦେଖଉଛି।

ଯେମିତି
ଯୋଗ ସହ ଯୋଗ ହୁଅ
ଏଇଟା ନ ଚାହିଁ ସେଇଟା ଖାଅ
ସକାଳୁ ସକାଳୁ ଚାଲ
ଅମୁକ ପାଖେଇ ସମୁକ ଦୂରେଇବା
ଦେହ ପାଇଁ ଭଲ ଇତ୍ୟାଦି ଇତ୍ୟାଦି
ଏତେ ସବୁ ଉପଦେଶ ମାନି
ଅଥବା ଉପଯୋଗିତକୁ ଘେନି
ଇଚ୍ଛାମତେ ମଣିଷ ମାତିଛି
ଆଚ୍ଛା ହେବା ପାଇଁ।
ଦେହଟା ପାଇଁ ଜୀବ ନ କରୁଛି କଣ ?
ଅୟୁତ ଅୟୁତ ଆୟୋଜନ ସାଥେ
ନିୟୁତ ନିୟୁତ ନିୟୋଜନରେ

ଆସକ୍ତିର ଚୁକ୍ତିକୁ ଛାଡୁନି।
ବ୍ରହ୍ମାଣ୍ଡ ଯାକର ପିଣ୍ଡ
ଦିନେ ଭଙ୍ଗା ମାଠିଆ ପରି
ମାଟିକୁ ଯିବା ଯେଉଁଠି ମିଛ ନୁହେଁ
ସେଇଠି ଏତେ ସବୁ ବଛା ବଛି ନ କରି
ଅମିଛର ପୁଚ୍ଛ ଧରିନେଲେ ଗଲା।

ସେଇଟା କେମିତି କଥା ?
ଝଡ଼ ଆସିବ ଜାଣି ଝାଡ଼ କଣ
ଆଗରୁ ସବୁ ପତ୍ର ଝଡ଼ି ପଡ଼ିଯାଏ ?
ନା, ସାଗରେ ସରିବା ଜାଣି
ଆଗରୁ ସରିତ ବସି ରହେ ?
ତେଣୁ ମଣିଷ ଅମଣିଷ ହେବ କିଆଁ ?
ଦେହ ହିଁ ସବୁ କାଳେ
ସୃଜନର ସୌଷ୍ଠବକୁ ସଜେଇଛି
ମହକର ମାଧୁର୍ଯ୍ୟକୁ ମତେଇଛି
ଗୁଣର ଗଣିତକୁ ଶାଶ୍ୱତ କରିଛି।

ମାତ୍ର ଏହି ଦେହକୁ
ମହାଶୟ ପରି
ଅତିଶୟ ପ୍ରଯତ୍ନର ମହୋତ୍ସବରେ
ଗୋଳେଇ ରଖିବା
ଲକ୍ଷ୍ୟଧାରୀ ପଥଚାରୀ ପାଇଁ
ପରିପନ୍ଥୀ ଭାରି ପରିପନ୍ଥୀ।

ଏକାକିତ୍ୱ

ସଘନ ଚାଷ ପରି
ଜନ ଘନତାରୁ ଘନୀଭୂତ
ଗହଳି ଚହଳି ବର୍ଷାର ବିରାମ ନାହିଁ।

ସ୍ୱପ୍ନ ସୁନ୍ଦରୀ ପରି
ମନଛୁଆଁ ଯୋଗାଯୋଗ
ନିମିଷକେ ଆଜିର ମଣିଷକୁ
ଯୋଗ ଭୋଗରେ ଭେଳେଇ ଦେଉଛି।

ପରୀ ରାଇଜର ପରିସର ପରି
ରୁଚିର ଆସରେ
ଦେଶୀ ବିଦେଶୀର ଫାଇସଲା କରାଇ
ବସେଇ ଥିବା ବଗିଚା
ବେଶ ବାସ ହସ ଜାଲରେ
ବାଛି ବାଛି ଭଲ ଯେତେ
ଭୁଞ୍ଜେଇ ଦେଉଛି।
ଅନେକ ଶୋଭାଶିରୀ ଠାରୁ
ସେବାକାରୀ ଯାଏ
ଝପଟେଇ
ଏସନ ଆକାଶ ଯାଏ ଓସାରି ଦେଇଛି,
ଯାଇତାଇ ଭାବେ

ଦେବେଶଙ୍କୁ ପଛେଇ ଦେଇ
ଶୁଆ ମୁହଁରୁ ବିକଶିତ ତତ୍ତ୍ୱ ଶୁଣାଉଛି।
ତଥାପି ବେଢିର ବଢ଼ତି ଲେଖୁଛି।

ଚିର ହରିତ ବନ ପରି
ଭରପୂର ଖାଲି ଖାଲିର
ଚେହେରା ଦେଖୁଛି।
ବିଜୁଳି ବିଯୋଗ ବଳ ପରି ରହି
ଗୋଧୂଳି ଧୂଳିରେ
ଢଳ ଢଳ ହେଉଛି।

ନିଛାଟିଆ ଖରା ବେଳ ପରି
ଭିତରେ ଭିତରେ ଏକଲା ପଣର
ଏକଚାଟିଆ ଛଟିଆରେ ଛଟପଟ ହେଉଛି।

ମାମୁଲି ମାମଲା ଟିଏ
ତୁଟାଇବାକୁ
ନା ଆସେ କୁହୁକ
ନା ଆସେ ଚମକ।

ପେଣ୍ଡୁର ବହପ

ମଞ୍ଜି ଖଞ୍ଜି କିଛି ନଥିବା ମଣିଷ
ପେଣ୍ଡୁ ପରି
ଖେଳାଳିର ଗୋଇଠାରେ ଗଡ଼ି ଗଡ଼ି
ଖେଳର ଗରିମା ଗୋଟେଇ ପାରେ ।
ସାପୁଆ ସମୟ ଇଙ୍ଗିତରେ
ଅଙ୍ଗଭଙ୍ଗୀ ଦେଖେଇ
ବିଷହୀନ ଫଣାର ଫୁତ୍କାରରେ
ଦେଖେହାରୀଙ୍କୁ
ଟିକେ ଟିକେ ଘୁଞ୍ଚେଇ ପାରେ ସିନା
ଇଚ୍ଛା ମତେ ଘୁଞ୍ଚି ପାରେ ନାହିଁ ।

ତଥାପି ବହପର ବହୁରୂପୀ ବାହାଦୂରୀ
ତଥା ଫମ୍ପା ଢୋଲର ଚାତୁରୀ
ବତୁରି ଯାଏନି ।
ବିଜୁଳି ବଳରେ ଚଳୁଥିବା
କଣ୍ଢେଇ ପରି
ଚମକରେ ନା ଥାଏ
କାଣିଚାଏ କଞ୍ଚା ମାଲ୍
ନା ଥାଏ
ପାଇଲାପଣର
ଅଣୁ ରୁଣୁଝୁଣୁ ।

କଥାର ଦେବଦାରୁରେ
ପଣସରୁ ପରମାଣୁ ଯାଏ
ଅନେକ କିଛି ଫଳେ
ଆକାଶିଆ ଶବ୍ଦର ସହର
ଅଲାଜୁକି ଭାବେ ନିତି ନିତି ଖେଳେ ।

ଏମିତିରେ
ଗଣିକାକୁ ଲାଜେଇରେ ନ ଗଣିଲେ
କେଉଁ ପୁରାଣ ଅଶୁଦ୍ଧ ହୋଇଯିବ ?

ଦାଦାଗିରି

ଦୂରରୁ ଦୂରକୁ ଦରାଣ୍ଡିଲେ
ଆଖିରେ ପଡ଼େ
ଚିରାଚରିତ ନରପକ୍ଷୀର ନାରକୀୟ
ଓସ୍ତାଦିତର ବିସ୍ତାରିତ ପକ୍ଷ।
ଦେଖା ଆଦେଖାରେ
ଖୁମ୍ପି ଖାମ୍ପି ଝାମ୍ପି ନେଉଥିବା ଥଣ୍ଟ
ଆଉ ସବୁ କିଛି ପିଞ୍ଜି ପାରୁଥିବା
ପଞ୍ଝାର ପିଞ୍ଜରା।
ଯାହା ନିରୀହ ବସ୍ତି ଠାରୁ
ନିବୁଜ ଅସ୍ଥି ଯାଏ
ନରମେଧର ମେଧା ଦେଖାଇ
ମାତି ଯାଇ ମତାଇ ପାରେ
ତାତି ଯାଇ ତତାଇ ପାରେ
ନିଜେ ନଜଳି ଜଳାଇ ପାରେ।

ନିଜ କବଜାରୁ
ଜାତି ଆଉ ଜାତୀୟତା ଜାତ କରି
ଆପଣାର ଜାତି ପାଇଁ ଯୋକ ହୋଇଯାଏ।
କାଳର କଳକୁ ଇଚ୍ଛାମତେ ମୋଡ଼ି
ନିୟମ ନଈର କୂଳକୁ
ମନ ଇଚ୍ଛା ତାଡ଼ି

ନିଜ ନାଆ ଲଗାଇ
ନାମିକା ହୁଏ।
କାଲିରୁ ଆଜି ଯାଏ
ସବୁଠି ସେହି ଦାୟଦଙ୍କ ଦଖଲ
ଜୀଅନ୍ତା ପବନ ପରି ପରିଚିତ।
ତେଣୁ ଏବେ
ଇରାକ ମାଟିରୁ
ଅବା ଆଉ କା ପିଠିରେ
ମୋଡ଼ା ମକଚା
ପୋଡ଼ା ଫୋପଡା ଦେଖି
ତୁଚ୍ଛାରେ ଦୁଃଖ କରନ୍ତି ଛେଳି ମାନେ
ଦୁଃଖେଇଲେ କଣ
ମେଣ୍ଢା ମନ
ସଣ୍ଢ। ମୋଡ଼ି ପାରିବ ?
ଶାଳରେ ତାଳ ଫଳେଇ
ସିଉଳିରେ ଶେଫାଳୀ ଫୁଟେଇ ପାରିବ ?
ପାରିବନି ବୋଲି ତ
ପରିଚୟରେ ଶୋଣିତ ସାଇତି
ସେମାନଙ୍କ ଗତିଶୀଳ ଆଖି ଦେଖୁଛ
ଦାଦାଗିରି ତରିରେ
ତୁମ ହସ ଲୁହର ବେପାର
ରାତି ଦିନର ନାଚ ନିତି ଦେଖୁଥିବ।

ବାନର ଉବାଚ

ତୁମର ଯାଇତାଇ ଭାବର ମିଳାମିଶାରେ
ତୁମେ ହୁଏତ ତୁମକୁ କହିପାର
ମୁଁ କେମିତି ପୁଣି
ଫେରିପାରିଲି ।
କଥାର ଜ୍ୟାମିତି ସେମିତି ଅଜଣା ନୁହଁ
ତୁମ ଥାକରୁ ପରା
ଥୋକାଏ ମଣିଷ
କହି କହି ନଇ ବୁହାଉଛନ୍ତି ଯେ
ଆତ୍ମାକୁ ବିନାଶି ହୁଏନି ।

ସେହି ବିଶ୍ୱାସର ନିଶାରେ ନିହିତ ହେଲେ
ଏହି ଭେଦ ଗୋହିରି ହୋଇ
ବିଗତ ବନରେ ପହଞ୍ଚାଇ ଦେବ ।

ବେଳେ ବେଳେ ପିଟି ପାଟି
ଦେହଟାକୁ ମୋର
ମାଟିରେ ମିଶାଇ ଦେଲ ସିନା
ଆତ୍ମାଟା ଧରା ଧରି କରି
ବହୁରୂପୀ ବେହରଣ ଧରି
ତୁମ ଦେହକୁ ଧରିନେଲା ।

ଏବେ ତୁମ ଦେଗରେ ରହି
ତୁମକୁ ପିଟେଇ ଖଟେଇ
ଭେଳେଇ ଚଳେଇବା ବେଳେ
ମୋର ସେହି ବେଳ ମନକୁ ଆସିଲେ
ଓଠରେ ପ୍ରଜାପତି ମାନେ ଚାଲିଯାଆନ୍ତି ।

କାହିଁକି ଜାଣ ?
ମୋର ଏଇ ପାରିଲାପଣ ପାଇଁ
ମଣିଷଟିଏରୁ ମୋତେ ଅମଣିଷ କରିବାକୁ
ଓଠ ଖୋଲି ପାରେ ନାହିଁ ।

ପଦବୀର ଗଛରୁ ଗଛକୁ ଡେଇଁ
ତଳିଆ ମଣିଷଙ୍କୁ
ଭକୁଆ କୁକୁର ପରି ଦଉଡ଼େଇ
ପୁଚ୍ଛରେ ଧରି ପାରୁଛି ।
ଗାଦିର ଅଗାଧ ମାୟାରେ
ମୋହିତ କରି ଠାବେ ଠାବେ
ଆକାଶିଆ ମୂର୍ତ୍ତିରେ ପୂଜା ନେଉଛି ।
ସତରେ ନର ଦେହୀ ବାନର
ବିଚରଣ ଆଉ ସୁଖକୁ ସୁଖେଇ ହବନି
କି ଅମାପ ଖୁସିକୁ ଖସେଇ ହବନି ।

ଖଳନାୟକ

ନାଟକ ହେଉ ବା ଅଟକ ହେଉ
ସବୁ ବିଷମ ବଳୟର
ସୂତ୍ରଧର ସିଏ।
କାଳକୁ କରାଳ
କୂଳକୁ ଆକୂଳ କରି
କେତେ ଜୀବନକୁ
ସେପାରୀକୁ ଠେଲିବାକୁ
ସିଏ ପୁଣି
ଅତିଶୟ ପଟୁ।

ନିହାତି ନିଜର ଭାବ ଭୁଞ୍ଜାଇ
ପରତେ ହେଉନଥିବା କାରସାଦି ଖଞ୍ଜି
ସୁନାଶିରୀ ଶୂନ୍ୟ କରି ପାରେ।
କ୍ଷେତର ଆଖୁରୁ ସବୁ ରସ ଶୋଷି
ବିଲୁଆ ପରି
ସହଜେ ଆଖିରେ ପଡ଼େନି।
ଖଲାସି ଠାରୁ କାଳିସି
ଖୋସାମତି ଠାରୁ
ଖୋଷଣି ଖସେଇବା ଯାଏଁ ଲମ୍ବିଯାଇ
ଗତିଶୀଳ ଖଳମତି
ଅନ୍ୟର ଡେଣା କାଟି

ନିଜ ପାଇଁ ବେସର ବାଟେ
ଜଟିଳ ଜାଲରେ ଛନ୍ଦି ଆନକୁ ଶୁଖାଏ
ବୃତାସୁର ପରି
ସେ ପ୍ରବୃତ୍ତି ପତିଆରା
ନାହିଁ ନଥିବା ନାରଖାର ଫିଙ୍ଗେ ସିନା
ଦଧିଚି ଦାନକୁ ବଳେଇ ଯାଏନି,
ସବୁ କୁଟିଳ କୁଟି ହୋଇଯାଏ
ତେଲି ତେଲ ମିଶିଯିବା ପରେ।

ଅସୂୟାର ନକ୍ସା

ସୁଧାର ହସ ଦେଖେଇ
ସାଧୁ ପଣେ ମାପିଚୁପି ଗପି ଗପି
ଦେଖି ଦେଖି
ଦୁଇ କୂଳ ଦଖଲକୁ ନେଇ
ସେମାନେ ଚୁପ୍ ଚାପ୍ ବିଷ ଚଖେଇ ଦିଅନ୍ତି।
କଳେ ବଳେ କାତ କରାୟତ କରି
ପୋତ ଚଳାଇବାର
ପତାକା ଦେଖାଇ ତାଟକା କରାନ୍ତି ସିନା
ଆଢୁଆଳେ ପୋତାଶ୍ରୟ ପୋତେଇ
ଜାତି ଆଗେ ନିତି ଥୋଇ
ଭଲେଇ ହୁଅନ୍ତି।
ନିପୁଣ କାରିଗର ପରି
କରସାଦି ନିହାଣରେ
ସନ୍ତର୍ପଣେ ହାଣି ହାଣି
ଦିନର ଦୁନିଆକୁ ରାତି କରି
ରୀତିମତ ଉଲ୍ଲାସ ତୋଳନ୍ତି।
ଏମିତି ଭାବରେ ଭରା ମନ
ଆନ ପାଇଁ
ଗାତ ଖୋଳିବାକୁ
ତଥା ଘାଇଲା କରି ଘୋଷରି ନେବାକୁ
ପିମ୍ପୁଡ଼ି ପରି ସହଜେ ମେଳି ହୁଅନ୍ତି।

ଆନତ ବାୟୁରେ
ଲୁହ ଲହୁରେ ଲହରୀ
ସେମାନଙ୍କ ବାଙ୍କ ଚାହାଣି ପାଇଁ
ମୁରଲୀ ହୁଏ ।

ସେଇ ଉଭୟଚରଙ୍କ ରଙ୍ଗିଆ ବେଶ
ନିଶାଡ଼ି ନିଶ
ତଥା ଅତିଶୟ ଅସୂୟା ସାଇରେ
ଅଙ୍କୁଥିବା ନକ୍ସା
ସବୁବେଳେ ସମାନ ରହେନି
ସେମାନଙ୍କ ଢୋଲ ଢାଲ
ବଡ଼ିମା କୁହୁଡ଼ି
ଅରୁଣିମା ଦିହୁଡ଼ିକୁ ଆଡ଼େଇ ଯାଏନି ।

ନିଜ ଭାବନାରେ

ସୁଠାମ କୁଆଁରୀର ସୁନାଶିରୀ ଭଉଁରୀ ପରି
କଇଁ ଫୁଲିଆ କଥାର କାଉଁରୀ
ଆନର ମନକୁ ମନେଇ ନିଏ।

ଖଞ୍ଜରେ ଖଞ୍ଜରେ ସିଏ
ସଞ୍ଜକୁ ସକାଳ ସଜାଇ
ନାହିଁ ନ ଥିବା ଗୁମର
ଚଖେ ଓ ଚଖାଏ।

ସେହି ସାଞ୍ଜୁ ପିନ୍ଧା ମନର ମାଲିକ
ସୁଯୋଗ ଦେଖି
ସୁବିଧାରେ ଉପଭୋଗ ଗୋଟାଏ

ସେଥିପାଇଁ ସେଇ ବଗୁଲିଆ
ମନେ ମନେ
ସବୁ ତୁଳସୀ ମାଳିଆଙ୍କୁ
ନିଜ ପରି ଗୋଳିଆ ଭାବେ।

ଆଉ ପୁଣି ନିରୋଳା ସେବିକା ଟିଏ ଯେବେ
ଅଚାନକ ଅଟକି ଯାଇ
ନିଜ ବ୍ୟାଧିର ପରିଧି ଗଡାଏ

ସେତେବେଳେ ସେ
ନିଜ ସମର୍ପିତ ଅତୀତ ଆଖିରେ
ବର୍ତ୍ତମାନକୁ ଦେଖେ,
ନିଜ ଆଚରଣ ଧାରଣାରେ
ଆନକୁ ରେଳ ଗାଡ଼ି ପରି
ମାନସେ ଗଡାଏ।

ତାହା କଣ ସତରେ
ସହଜେ ସବୁଜ ସୁଲଭ ହୁଏ ?
ନା.......।

ହୁଏନି ବୋଲି ତ ବେଳକୁ ଅବେଳ ବଳି ଯାଏ,
ତଥାପି ଯିଏ ଯେମିତି ଭାବର ମଣିଷ
ସିଏ ଆନକୁ ସେମିତି ଅନାଏ।
ସେମିତି ଶୁଆ ପୋଷାର ପଦ୍ଧତି
ସବୁଠି ଅନୁଭବେ।

ଅବଶ୍ୟ ସବୁ ମନ ଭାବରେ
ଏମିତି ଚିରାଚରିତ ବସା ଘର
ଆଉ ଅବିଚଳ ଅବକାରୀ ନଥାଏ।
ନିଜ ସ୍ୱଭାବର ମାପକରେ
ସବୁ ମାପି ଚୁପି ଖାପ ଖାଏନି ବୋଲି
ଜାଣି ଯିବା ପରେ
ଝରକା ଖୋଲି ଯାଏ
ତାରକା ମାନେ ମଧ
ସଜ ଗୋଲାପ ଭୁଞ୍ଜେଇ ଦିଅନ୍ତି।

ପ୍ରତିକୂଳ

ଅନୁକୂଳ ଯେଉଁଠିକୁ ପିଠି କରିଥାଏ
ସେଇଠି
ବିଶ୍ୱାସ ପେଟରୁ ଖାଲି ନିଶ୍ୱାସ ଲମ୍ବିଯାଏ।

ସମୟର ଦୈତ୍ୟ ପରି ଅଦଉତି
ସମାଜର ଯାନ୍ତବ ଯମକ
ତଥା ଅବାଞ୍ଛିତ ଜୁଆରର
ଜହରରେ
ମନ୍ଥି ହେଉଥାଏ ଜୀବନ

ଜାଲରେ ଜଡେଇଥାଏ ସମସ୍ୟା
ଖାଲ ଖୋଲୁଥାଏ ଅସୁୟା
ତଲୱାର ପରି ତରସୁଥାଏ ସମ୍ପର୍କ
ତଥା ପରାଧୀନ ଅଶ୍ୱ ପରି
ଅବିଶ୍ୱସ୍ତ ହୁଏ ପରିବେଶ।

ଶୋଷ ପାଇଁ, ଲୁହର ମଲାନଈ ସମର୍ପିତ
ଭୋକ ପାଇଁ ଭାବନା ମନ୍ଥି ମନ୍ଥି
କୁନ୍ଥା ହୁଏ ମନ।

କୁନ୍ଥେଇବା କିନ୍ତୁ ବସତି ଛାଡ଼େନି
କାନ୍ଥଟିଏ ବି ପାଖ ମାଡେନି
ଅବାଧ ବାଧାର ବିଧାକୁ ଏଡ଼େଇବା ପାଇଁ।

ଜନ୍ମି ହେଉଥିବା ଜୀବନ ତହିଁ
ଜଟା ଛିଡ଼େଇ ଛିଡ଼େଇ
ଆଯାଚିତେ
ଜନ୍ତୁପତି ପାଇଁ ଆବାହନୀ ଭଣେ।

କେହି ହୁଏତ କହିପାରେ
ପାଣିର ଗୁଳି,
ପାଉଁଶର ମେଳି
ଆଉ ପବନର ତୁଳି କଣ
ଗତିକୁ ଅଗତି ଦେଇପାରେ ?
ପାରେ।
ନଚେତ୍ ମଝି ବାଟର ଜୀବନ କେମିତି
ଶାରୀରିକ ଶକ୍ତି
ମାନସିକ ଶାନ୍ତିକୁ
ବାନ୍ତି କରନ୍ତା ?

କେବଳ ମନକୁ ମଜଭୁତ୍ କରି ପାରୁଥିବା ଜୀବ
ସବୁ ଅଜବ ରାତି
ପଥୁରିଆ ରାତି
ଲଦି ହେଉଥିବା ସୁବିଧାବାଦୀ
ଜୋକ ତଥା ଜଉପୋକକୁ ପଛେଇ
ପ୍ରତିକୂଳକୁ ବଳେଇ ପାରିବ।

ବିଦ୍ୟାଧର

ମୁହାଁମୁହିଁ ନ ହୋଇ କୁହା କୁହି କିଛି
ଅବଶ କାନକୁ ଛୁଁଏ,
ଶ୍ରୀ ଚରଣ ଖଞ୍ଜି ପରି
ମୁଁ ଅଥବା ବିଦ୍ୟା
କେହି କାହାକୁ କୁଆଡ଼େ
ଧରା ଧରି ନୋହୁଁ।

ଧରି ନିଆଯାଉ
ଏହା ଧାର ଅଣା ମତ ନୁହେଁ
ଧରୁଆ ସତର ସ୍ୱିକାରୋକ୍ତି।

ତେବେ କେବେ କେମିତି
ମଶା, ମୂଷା, ବିଲେଇ, ବିଲୁଆ
ଶୂକର, କୁକୁର, ଭଲ୍ଲୁକ, ଉଲ୍ଲୁକର
ଭାବରେ ଭିଜି ବିଚାରରେ ମଜ୍ଜି
ବେଳ ଦେଖି ବିତରି ହେଉଛି ?

ଗଦ ନ ଧରି ଗଦ୍ୟରେ
ବାଦ୍ୟ ନ ଧରି ଛନ୍ଦରେ
ନଚେଇ ନଚେଇ
କେମିତି ନାଚି ହେଉଛି ?

ଅନେକ କିଛି ସାଧ କରି
ଆନର ମନରୁ ମାନ ମୀନ ଧରିବା
କ'ଣ ବିଦ୍ୟା ନୁହେଁ?

କଣ୍ଟା ଫୋଡ଼େଇ କଢେଇବା,
ଜଡ଼ାକୁ ଜଡ଼େଇ
ନିଜ ବଡ଼ିମା ଛଡ଼େଇବା,
ଶରଧା ଦେଖି ସାଧୁ ବାଦ ସାଉଁଣ୍ଟିବା
କ'ଣ ସାଧାରଣ ସାଧନା?

ସେଥିପାଇଁ
ଗୋପଦାଣ୍ଡ ମନାକୁ ବେଖାତିର ପରି
ଭକୁଆ ପରମ୍ପରାକୁ
ମୋର ପରବାୟ ନାହିଁ।

କାରଣ ବିଦ୍ୟାଳୟ ପାଇଁ
ବିଦ୍ୟାଳୟର ବିଦ୍ୟା
ଆଜିକାଲି କେଉଁ ଲୋଡା ଯେ
ବହିକୁ ମନରେ ବହିବାକୁ ହେବ?

ସରକାରୀ ସେବା ମିଳିଛି ମାନେ
ନେବାର ମଉକା ମିଳିବା ନ୍ୟାୟରେ
ଚିତ୍ତ ଚରାଇଲେ
ବିତ୍ତକୁ ବାତ ହେବନି,
ସମୟଟା ଠିକ୍ ଠିକ୍ ଡାଡୁଥିବ,
ମୋ ମହାତ୍ମ୍ୟ ଇଚ୍ଛା ମତେ ମାଡୁଥିବ
ଆଉ ଯେତେ ଅକ୍ଷମ ଆଖି ଦେଇ
କିଛି ହୋଇଛ ନା ହେବ?

ସ୍ୱଭାବ

ପାର୍ଥିବ ପରିଧିରେ ପବନ ପହରା ଦେବା ପରି
ଜୀବର ସ୍ୱଭାବ
ନିଜର ପ୍ରକ୍ରିୟା ପହଁରଉ ଥାଏ
କେବେ ଦିନ କେବେ ରାତିର ରୀତିରେ ଗୋଳେଇ
ହୋଇ
ସେହି ପ୍ରକ୍ରିୟା
ଭିନ୍ନ ଭିନ୍ନ ପ୍ରତିକ୍ରିୟା ପ୍ରସାରି
ନଈକୁ ଗୋଳିଆ,ନାଆକୁ ଘଳିଆ
କଇଁକୁ ନେଳିଆ ତଥା
ନିଜ ଅନିଜ ପରିବେଶକୁ
ଚହଲା କୋହଲା କରି ପାରେ।
ପ୍ରସାରଣ ସାରଣୀରୁ
କାହାକୁ ପରବାସରେ ତ
କାହାକୁ ନିଜସ୍ୱ ହସରେ ମିଶାଏ
ବସବାସର ବୟସ।

ଯେମିତି
ତୁଳସୀ ତଉଲି ହୁଏ
ଗାଉଁଲି ତୂଳୀରୁ ତୂଳୀତଳ୍କ ଯାଏ
ବିଛୁଆତି ବାଛି ହୋଇଯାଏ
ମାଛ ପରି ସମୟକୁ ବହି।

ସେ ଜୀବନ ନ ବଢିବା ଯାଏ
ଜଡ଼େଇ ଥିବା ଭାବ
ଭୁଶୁଡ଼ି ଯାଏ ନାହିଁ।

ଅବଶ୍ୟ ବୋତଲ ମୁଦିଲେ
ଅତର ଉତୁରଉଥିବା ଜୁଆର
ନ ମାତିବା ପରି
ଲଗାମ ଲାଗିଲେ
ପ୍ରକୃତିର ଆକୃତି
କିଛି କିଛି ବିଗିଡ଼ି ପାରେ
ତଥାପି ସବୁ ଫାଟକ ଅଟକ ଆଣେନି
କି ସବୁ ମୁକୁଟର ଝଟକ ଆସେନି।

ବାର୍ତ୍ତୁଳାକାର ପ୍ରକୃତିର ନିଟୋଳ ପାଇଁ
ବିଶୁଦ୍ଧ ବାଡ଼ ପଡ଼ିନି
ଅଥବା ହିଡ଼ ଉଠିନି ବୋଲି
ହଡ଼ାବଳଦଠୁ
ପଡ଼ି ଥିବା ନଥି ଭିଡ଼ ଭଣ୍ଡୁଛି।

ତଥାପି ବାଗିଆ ମଥା
ବାଘକୁ କଥା ମନେଇବା ପରି
ଟାଣୁଆକୁ ବତୁରେଇ
ବିଷାକ୍ତରୁ ବର୍ତ୍ତି ପାରିବ।

ସଚେତନ ଶିକ୍ଷା

ସୁଧାରିବା ସାଧନାରେ ଚାଲୁ ଚାଲୁ
ଆଉ କାହା ଚଳଣି ଅନୁଭବି
ପଛକୁ ଦେଖିଲି
ଡଉଲ ଡାଉଲ ପିଲା ଟିଏ
ମୋତେ ଅନୁସରି ଛୋଟେଇ ଚାଲିଛି ।

କଳିକାକୁ ପବନ ଦୋହଲେଇବା ପରି
ସେହି କଅଁଳ ନିଷ୍ପାପର
ଢଳ ଢଳ ଗତି ପାଇଁ ଦାୟୀ
ଦଇବକୁ ବିଗିଡ଼ି
ସମଦୁଃଖୀ ଭାବ ଯୋଡ଼ିବାକୁ ଇଚ୍ଛି
ସସ୍ନେହ ସହାୟର ହାତ ବଢ଼େଇଲି ।

ମାଙ୍କଡ଼ିଆ ଦାନ୍ତରୁ
ଅଜାତିଆ ହସ ବାନ୍ତି କରି
ଖସିଗଲା ସିଏ ଉଲୁସି ଉଲୁସି
କଙ୍କି ପରି ହାତକୁ ମୋ ଫାଙ୍କି,
ଦେଖିଲି
ତା ଗୋଡ଼ର ଗଢ଼ଣିରେ ନାହିଁ ଟିକେ ଖୁଣ
ଜାଣିଲି ତ ଚାଲିର ଚାଲାକି
ଆଉ ପରିଚୟ ।

ମୋତେ ଗୁରୁର ଗୁରୁତ୍ୱ ଭୁଞ୍ଜାଉ ଥିବା
ସରକାରୀ ଶିକ୍ଷାୟତନରେ
ଅଧୁନା ସେ ସପ୍ତମ ପାହାଚେ ପ୍ରକାଶ
ତଥା ଜ୍ଞାନ କର୍ମ ପାଇଁ
ରାଜ୍ୟପାଳ ପୁରସ୍କାର ପ୍ରାପ୍ତ
ଜଣେ ଶିକ୍ଷକ ସୁପୁତ୍ର ।
ଜାଣି ଜାଣି ଓଠ ମୋର ଶୁଖିଗଲା
ପାଠ ମୋର ପାଇଲାନି ଏ ପାଠ କାରଣ
ଥାକ ଥାକ ଭାବନା ଘଣ୍ଟିଲା,
ଏଥିପାଇଁ ମୁଁ ନା ସେ
ଆମେ ନ ସେମାନେ ଦାୟୀ ?

ସନ୍ଧାନର ଦାୟବନ୍ଧରେ
ବାନ୍ଧି ହେବା ପରେ
ଚେତନାର ଚଟକଣି ଜଣେଇଲା
ଆମ ସ୍ୱାଧୀନ ଦେଶରେ
ଏମିତି ଉପହାସ ହିଁ
ସଚେତନ ଶିକ୍ଷା
ମିଳିଛି ଆମକୁ ତାହା
ଖୋଲା ହୋଇ କାହିଁ କେତେ
ପରୀକ୍ଷା ନିରୀକ୍ଷା ।

ସଚେତନ ଶିକ୍ଷା -୨

ନିରଞ୍ଜନା ତଟର ସାଧନା ଆଧାରରେ
ସମାଜ ସୁଧାରି ଥିବା
ବୁଦ୍ଧଙ୍କ ପରି ନିଜକୁ ମଣି
ଆଜିର ବୁଦ୍ଧିଆ ମାନେ
ବତାନୁ କୁଳିତ ଆଳୟର ସିଦ୍ଧିରୁ
ନୂଆ ନୂଆ ପଦ୍ଧତି ଚଳାନ୍ତି
ବୌଦ୍ଧିକ ଚେତନା ଚିଆଁଇବା ପାଇଁ।

ଚଳଚ୍ଚିତ୍ରରେ ଚଳମାନ ତନ୍ୱି ତରୁଣୀର
ଖୋଲା ଦେହ ପରି
ଶିକ୍ଷାକୁ ରସାଳ ଓ ଲୋଭନୀୟ କରି
ସବୁରି ଆଖିକୁ ଓଟାରି
ହାତରେ ଅହରହ ଦିନ ଧରେଇ ଦେବାକୁ।

ଆଜ୍ଞାରେ ସେ ଲାଗି
ଗାଡ଼ି ଗାଡ଼ି ରଥ ଗଡେ
ଅଙ୍କିତା ଗୋଡ଼େଇବା ପାଇଁ
ଦୀକ୍ଷା ନେଇ ଶିକ୍ଷାଳୟ
ଦନ୍ଥରା କାନ୍ଥକୁ ଛବିଳ କରେ
ଛିଣ୍ଡା କନ୍ଥାରେ ତାଳି ଦେବା ପରି।

ବୁଝୁ ନ ବୁଝୁ ପଢ଼ ଗୀତ ନ୍ୟାୟରେ
ଛବି ଦେଖୁ ଦେଖୁ କବିତ୍ୱ
ପିଣ୍ଡାରେ ବସୁ ବସୁ ପାଣ୍ଡିତ୍ୟ
ସୁସୁରି ମାରୁ ମାରୁ ଶିଷ୍ୟତ୍ୱ
ଚହଟ ମହକିବ ବୋଲି
ଚଉକାସିଆ ଚଉକସିର ହାକିମାତି ମତାଏ ।

ହୁକୁମ ତାମିଲ ପାଇଁ
ତାଲିମ୍ ରେ ସାମିଲ୍ ହୁଏ
ଗୁରୁ ମାରୁ ଭୀରୁ ବିରାଦର ।
ଚକୁଳି ବିନ୍ଧ ଗଣାରେ
ପେଟ ପୁରାଇବା ରୀତି
କାଗଜ କିଆରୀରେ
ମଗଜ ମଞ୍ଜି ଖଞ୍ଜିବାର ଖଞ୍ଜା ।

ସେହି ହାଇବ୍ରିଡ ଚାଷରୁ
ଗୋଛା ଗୋଛା ଗଛ ହୋଇ
ଗହନ ଶିକ୍ଷାର ଏମିତି ବନ ହେବ
ଯେଉଁଠି ବାଘ ଫାଗକୁ ଭେଟିବ ।

ସବୁ ଡାଳରେ ଫଳିବ ମୁକ୍ତା
ହସିବ ଆଉ ତୋଷିବ ମୁକ୍ତା ।

ବିମୁକ୍ତ ମୁକ୍ତାରେ
ଦେଶଟା ବିକଶିତ ବିଦେଶ ହୋଇଯିବ,
ଆଉ ନ ଥିବ ଗୁଆଁର ଚଅଁର
ରାତିର ତିମିର
ଅବୁଝା ରାଜତ୍ୱ ।

ରଜା ନ ଥିଲେ ନ ଥାଉ
ପାଳଭୂତ ମନ୍ତ୍ରୀ ଠାରୁ ପାରଙ୍ଗପୂଷ୍ଟ ଯାଏ
ସବୁ ତ ତତ୍ପର ଅଛନ୍ତି,
ରଣୀର ରାଣୀ ମହୁମାଛି ତ ଅଛି ।

ସଚେତନ ଶିକ୍ଷା ପାଇଁ ଏବେ
ପାଗ ଅବିଗିଡ଼ା
ଆଗାମୀ ଯୋଜନା ପାଇଁ
ମାଗିଲା ମହୁ ମହଜୁଦ୍
ଖାଲି ଯାହା କାଇଦାରେ
ବାଇଦ ବଜାଇଲେ
ବଇଦ ହେବା ବାଦ୍ ପଡ଼ିବନି ।

ଅହଙ୍କାର

ଉତ୍ତୁଙ୍ଗ ଲହରୀ ପରି
ତୁଙ୍ଗ ଅଙ୍କତାରେ ଉତୁରୁ ଥିବା
ମଣିଷ ମନେ ମନେ ମହାମାନି ହୋଇ
ନିଲଠା ତୁମ୍ଭି ତୋଫାନରେ
ଅନ୍ୟ ନିରୀହ ମନର ତମ୍ବୁକୁ
ନାରଖାର୍ କରି ପାରେ।

ମିଲିମିଟରେ ଆଧିପତ୍ୟରେ
କିଲୋମଟରରୁ ବେଶୀ ଯାଏ
ଔଦ୍ଧତ୍ୟ ଫୋପାଡ଼ି
କ୍ଷତାକ୍ତ କରେ
ବାଦ୍ୱାହି ଢ଼ଙ୍ଗରେ
ବେପରୁଆ ଖଣି ଲଂଘେ ନାହିଁ।

ଖଦ୍ୟୋତ ପରି
ନିଜ ଔଜଲ୍ୟକୁ ଅନୁପମ ପାଞ୍ଚି
ପ୍ରମତ୍ତ ପଶୁର ଆଚରଣ ସଂଚି
ଉତପ୍ତ ଲାଭା ପରି ବିଚରଣ ବିଞ୍ଚି
ଉଲଗ୍ନ ଗାରିମାର ଲଙ୍ଗୁଡ଼ ଛାଡ଼େନି।

ସେହି ଅହଙ୍କାରୀ ବୁଝେ ନାହିଁ
ସୌହାର୍ଦ୍ଦ୍ୟ ଜ୍ୟାମିତି
ସୌଜନ୍ୟ ପରିମିତି ସମ୍ପ୍ରିତିର ମୋତି ଜ୍ୟୋତି
ଆଉ ତା ପରି ଜୀବ ମାନେ
ସମାନ ରକ୍ତ ମାଂସ ମଣିଷ ବୋଲି।

କ୍ଷମତା ଆଧାରରେ
ପ୍ରବୃତ୍ତି ବୃନ୍ତରେ
ଅର୍ଥର ଇନ୍ଧନରେ ଆତଜାତ ଅହଙ୍କାର
କାଳର କରାଳ ସୁନାମି ପାଶେ
ନିମିତ୍ତ ମାତର।

ଅହଙ୍କାର -୨

ବୁଝିଲା ବେଳକୁ
ନଥାଏ ବେଳ ନଥାଏ ବଳ
ଥାଏ
ଅନାହୂତ ଶୂନ୍ୟ ସଂହତିରେ
ଜୀଇ ନ ଜୀଇବା ମନର ମାନଚିତ୍ର।

ନିଜ ଅହଙ୍କାର ଜୁଇ ପାଉଁଶରେ ପଡ଼ିଗଡ଼ି
ହାତେଇଥିବା ଅତୀତକୁ
ହାତଛଡ଼ା ବର୍ତ୍ତମାନ ଓ
ଅଖଞ୍ଜା ଆଗତରେ ଅହରହ ଖଞ୍ଜି ଖଞ୍ଜି
ଗଞ୍ଜି ହୁଏ ଅହଙ୍କାରୀ।

ସେମିତି ଅଚଳ କଳ ପରି ପଡ଼ି ଥିବା
ଅଜୟ ସାହୁଙ୍କ ଭଙ୍ଗା କଳେବର
ତହଳ ବିକଳ ସ୍ୱର
ମୋତେ ଚକିତ କରି
ଦୁଃଖର ଦୁଆର ଖୋଲେଇ
ସହାନୁଭୂତି କାଢ଼ି ନେଲା
ଏକ ବିଗତ ଘଟଣା ପରି।

ସେଦିନ ମୋ ପରି ଅର୍ଦ୍ଧଶତ ଶିକ୍ଷକ
ତାଲିମ ମେଳରେ କନିଷ୍ଠ ଜଣେ
ବେସାହାରା ହୋଇ
ନିଜ କୋହ ଲୁହରେ ଆକ୍ତା ମାକ୍ତା ହେଉଥିଲେ
ସାହୁଙ୍କ ରାହୁ ପରି ରୋଷରେ ପଡ଼ି ।

ଉପରିସ୍ଥ ଖାତିରରେ
ସାହୁ ବାବୁ ଉତୁରୋଉଥିବା ଭସ୍ତନା ପାଶେ
ଚୋରକୁ ପୋଲିସ ବେଭାର
ଗୋଡିଆକୁ ଗଉନ୍ତିଆ ଲାଞ୍ଛନା
କାହିଁ କେତେ ତୁଚ୍ଛ ।

ଦେଖିଲି ମୋ ପରି ତଟସ୍ଥ
କେତେକ ଦୁଃଖିତ ମୁହଁରେ
ତଙ୍କେଇଥିବା
ସହି ନୁହେଁ କହି ନୁହେଁ ଭାବରେ
କଅଁଳିଛି ସହାନୁଭୂତି,
ଆଉ କେଉଁଠି ଖସି ଖସେଇବା ପାଇଁ
କାକୁତି ମିନତି ।

ଥୋକାଏ ବାବୁଙ୍କ ବ୍ୟକ୍ତିତ୍ୱ ପାଇଁ
ଶବ୍ଦର ସୁନୀଳ ତୋରଣ ରଚି
ନାଲିସର ନାଲିରେ ଦୋଷୀକୁ ରାସୁଛନ୍ତି ।

ଦୋଷ କୁଆଡ଼େ ଅତୀବ ଗରିଷ୍ଠ
ଗୁରୁ ହୋଇ ଏମିତି ଅଶିଷ୍ଟ ?
ତାଲିମର ଶିଖିଲେ କ'ଣ ?
ଶୁଖୁଆ ?

କଳାପଟାରେ ଲେଖିଲେ
ରାମବାବୁ ଶ୍ୟାମବାବୁ ପିଟାପିଟି
ଉଇଥ ଏ ବାମ୍ବୋ ଷ୍ଟିକ।

ଲିଭାଇବା ପରେ ସଚେତନ ଶିକ୍ଷିକାଟି
ବାବୁଙ୍କ କାନକୁ କାମୁଡ଼ି ଦେବାରୁ
ଅପରାଧର ଗର୍ହିତ ଗଦେଇ ପଡ଼ିଲା,
କାକୁସ୍ଥରେ କ୍ଷମା ଚାହିଁ ଚାହିଁ
କାତରି ଥିବା ମାଷ୍ଟର ବାପୁଡ଼ା
ଭୁଲ ପାଇଁ ଭଲେଇ ହୋଇ
ଆଉ କିଛି ସ୍ୱଚ୍ଛସେବୀଙ୍କ ଯୋଡ଼ ହାତ
ମିଶିବା ପରେ ତୋପ କମିଲା
କୋପ ଧୀରେ ଧୀରେ ଗଡାଣି ଧରିଲା।

ଗଡ଼ିଲାନି ମୋ ମନରୁ ସେଦିନ
ଛାଡିଲାନି ଭାବନାରୁ
ସ୍ୱାଧୀନ ଶାସନର
ଏ ସବୁ ବିହିତ ବିଧାନ।

ଆଜି କିନ୍ତୁ
ତୃତୀୟ ପାଣ୍ଡବ
ଗାଣ୍ଡିବ ମୁଣ୍ଡରେ ବହିବା ପରି
ଅଜୟ ସାହୁଙ୍କ ସାହା ହୀନ ଭାବ
ମୋତେ ଚେତେଇଲା
ସମୟର ସାମିଆନା ତଳେ
ଅହଙ୍କାରୀ କାହିଁ କେତେ ଛାର।

ଘରଭଙ୍ଗା

ସକାଳ ଆସିବ ଆସିବ ହେଉଥିବା ବେଳେ
ମୋ ଘର ଶିକୁଳି ଉକୁଟ ଖଟ ଖଟ
ମୋତେ ନିଦରୁ ଉଠାଇ ଭେଟେଇଲା
ପଞ୍ଚାଏ ବଳଦ ପରି ବଳୁଆଙ୍କୁ।

ସେହି ଅନାହୂତ ବୋଲକରାଙ୍କ
ଆସିବା କାରଣ ଖୋଜୁ ଖୋଜୁ
ଆଖି ମୋର ହଜିଗଲା
ମନ ପକ୍ଷୀ ସିଝିଗଲା
ଚକିତ ଚକତି ଅକସ୍ମାତ ଘୂରିଗଲା
ଯେତେବେଳେ
ସେମାନେ ସୂଚେଇଲେ
ମୋ ଘରକୁ ଭାଙ୍ଗିବା ନିର୍ଦ୍ଦେଶ।

କହି କହି କେହି କେହି
ଛିଡ଼ା ଛିଡ଼ା ଭାବ ଛାଡ଼ି
ମାଙ୍କଡ଼ ପରି ଚାଳରେ ଚଢ଼ି
ନଡ଼ା କଢ଼ାରେ ଲାଗିଗଲେ
ମୋତେ ଛେଳି ଭଳି ବେଖାତିର କରି।
ସେ ବଳ କଳନା ପାଇଁ
ଅନୁମାନ କିଛି କିଛି ଅନୁଦାନ ଦେଲା

ଦେଲା ନାହିଁ ସେମିତି ନିଦାନ
ତଥାପି ଏ ବେଳକୁ
ଆଉ ଟିକେ ଟାଳିବା
ସାହା ସହଯୋଗ ଆସେ
ଆମ ମୁଖିଆଙ୍କୁ ଡକେଇଲି
ହୁଏ ତ ଆଗ ପରି
ତୁଟୁକା ତୁଟୁକିରେ
ଜର ତୁଟି ଯିବ ବୋଲି ।

ଆଶା କୁହୁଡ଼ିରେ ଦିହୁଡ଼ି ପରି
ଆସିଲେ ମୁଖିଆ
ଠାଣିରେ ତାଙ୍କର ଠଣ ଠଣ ହେଉଥିଲା
ଛୁଆଖିଆ ଭୁଆ ବିଲେଇର ଭାବ

ବାଣୀରୁ ବାହାରୁଥିଲା,
ଭେଟିଥିବା ବାଟ ଭୁଲା
ନିଜ ଜାତି ଭାଇ ପ୍ରତି
ଥାନି କୁକୁରର ପ୍ରୀତି ।

ମୋତେ ପଛ କରି
ଭଣିଲେ ଶୁଣେଇ ଶୁଣେଇ
ଭାଙ୍ଗି ଚାଲ ଉଚ୍ଛୁର ନକରି
ଘରେ ଯା ଜିନିଷ ଅଛି
ସିଏ ନେଉ ଯେପରି ସେପରି
ଡେରି ହେଲେ ସିଏ ଦେବ ଅଧିକ ମଜୁରି ।

କଥା ଶୁଣି ବ୍ୟଥାର ନିଆଁରେ
ଭରସା ପକ୍ଷୀଆ ପୋଡିଲା
ଚାହୁଁ ଚାହୁଁ ଚାଲିଗଲା

ମୋ ଘର ଆୟୁଷ
ପଚିଶି ବର୍ଷ ରହଣିର
ଫଗୁଣ ଶ୍ରାବଣ
ସହାୟର ସୁନାଝରା ନିତ୍ୟ ଅନୁଭବ।

କେତେ ଉଦ୍ଧତ ବାତ୍ୟା
ପ୍ରମତ୍ତ ମହାବାତ୍ୟାକୁ ପିଠେଇ
ଆମକୁ ପେଟରେ ସାଇତି ଥିବା
ସେହି ଝାଟି ମାଟି ଘରଟି
କେଇଟା ପୋକ ପରି ଲୋକଙ୍କ କାରସାଦିରେ
ଟିକି ଟିକି ହୋଇ ପଡ଼ିଗଲା
ମଶାଣିର ହାଡ଼ ମାଳ ପରି।

ମୋ ମନକୁ
କଂସେଇ ଖାନାର
ଟୁକୁରା ଟୁକୁରା ମାଂସରେ ଗଦେଇ।

ଘରଭଙ୍ଗା -୨

ବାସହରା ହେତୁ ଭିତରେ ମୋ
ମାଡୁଥିବା ବେହିସାବି ହତାଶିଆ ବାଆ
ବଢୁଥିବା ବେସାହାରା ବଳୟ ଆଉ
ଯୋଡୁଥିବା ବିଶାଦ ଦଉଡ଼ିକୁ
ଅନେକ ବାଧ୍ୟ କରି
ତଡ଼ି ପାରିଲି ନାହିଁ।

ଅହର୍ନିଶି ପେଶୀ ହୋଇ
ଯାତନା ଜୁଆରରେ ଭାସି ଭାସି
ନିଜ ଆଇନରୁ ଖୋଜିଲି
ଦାଉର ଦୁଆର
ଜନ୍ତିବାର ସଂଯୁକ୍ତ ଆଧାରକୁ।

ଅନେକ ଖୋଜି ଖୋଜି ପାଇଲି
ସେମାନଙ୍କ ପାଲରେ ପଡୁ ନଥିବା
ମୋ ନିଜ ଆଲୋକକୁ
ଅନେକ ପରଖି ପରଖି ପାଇଲିନି
ଅନ୍ଧାରି ମାଲିକଙ୍କ ମସୁଧା ପାଇଁ
ସେମିତି ପ୍ରତିବାଦ, ପ୍ରତିରୋଧ ତଥା ପ୍ରତିଷେଧକ।
କାରଣ
ଯେଉଁଠି, ପାହାଡ଼ ପାଶଙ୍ଗରେ ପଡେନି

ସେଇଠି ମୋ ପରି ବାଲି ଗରଡାକୁ ପଚାରେ କିଏ ?
ସେମାନଙ୍କ କାୟା ସିନା
ଦିନ ପରି କମନୀୟ
ମାୟା କିନ୍ତୁ
ରାତି ପରି ଦୁର୍ଭେଦ୍ୟ ଦୁଃସହ ।

ବିକଳ ତଳେ ପାକଳ ମଞ୍ଜି ପରି
ସେମାନଙ୍କ ଟାଣୁଆ ଦାନବୀୟ ଖଞ୍ଜି
ଗଢ଼ିବା ଗୋଡେଇ
ଭଙ୍ଗା ତୁଟାରେ ବିଭୋର ।
ସେହି ବଗ ପରି ସଫେଦ ବାବୁ ମାନେ
ନିଜ ପାଇଁ ଢେର କିଛି କାବୁ କରି
ଘରଭଙ୍ଗା ଘେରରେ ଘୁରନ୍ତି ସିନା
ବକାସୁର ପରିଣତିକୁ
ଜାଣି ଜାଣନ୍ତି ନାହିଁ ।

ସେ ଲାଗି ଚେତନା ମୋ ଚେତେଇଲା
ମନକୁ ମନେଇ
ବରଂ ଆଗାମି ଦିନକୁ
ସଜେଇବା ଭଲ
ଅଳିଆ ଗୋଳିଆର ଚିରାଳ ପାଇଁ
କାଳ ତ ଅକାଳ
ହେବ ହିଁ ହେବ ।

ଛୁଆ ବୋଉ

ଆକାଶ ଭାଙ୍ଗି ପଡ଼ିନି
କି ଆକାଶବାଣୀ ଶୁଣେଇନି
ବିଷାଦ ଭଣତି ଅଥବା
ଖବର ଦେଉଥିବା କାଗଜ
ଯୋଗ କରି ଯୋଗାଇ ନାହିଁ
ତୁମ ବିୟୋଗ ବାର୍ତ୍ତା।

ଦୂରଦର୍ଶନ ଦେଖେଇନି
ତୁମ ପାଇଁ ଦରଦି ଅଞ୍ଜଳି
ଆଉ ଶୋକ ସନ୍ତପ୍ତ ପରିବାର ପ୍ରତି
ମାର୍କ ଦିଆ ମୁହଁର ସମବେଦନା।

ମୋ ଭିତରେ କିନ୍ତୁ ଜମା ହୋଇଗଲା
ତୁମ ଶୂନ୍ୟବାସିର ଶୂନ୍ୟତା
ଛନ୍ଦି ହୋଇଗଲା ହରାଇବାର ହାହାକାର
ବାନ୍ଧି ହୋଇଗଲା ବିସ୍ମୃତ ବିଶାଦ।

ପୋକରା ପରମ୍ପରାର
ପାଖ ମାଡ଼ୁ ନଥିବା ଟାଣପଣକୁ ମୋର
ପାଣିଚିଆ ଭାବ ନ ଦେଖେଇ।

ତୁମ ଉତ୍କର୍ଷର ଆଭା
ଉତ୍ସର୍ଗର ଶୋଭା
ଅମାପ ସ୍ନେହର ଅଭାବବୋଧ
ମୋ ଭୌତିକ ବେଢାକୁ
ଏମିତି ଭାଙ୍ଗିରୁଜି ଦେଲା
ତାହା ବର୍ଣ୍ଣିବାକୁ ଭାଷା କାହିଁ।

ଗୁଣମାପକ ବିଶେଷଣ ନାହିଁ
ତୁମ ଦାନର କାଣିଚାଏକୁ
ସରିହେବା ପାଇଁ।

ବେପରୁଆ ବେଳ ତ
ଶିଖେଇ, ଶୁଖେଇ, ପାଖେଇ ନେବ
ତୁମ ପରି ଦିନେ ନା ଦିନେ,
ସେତେବେଳ ଯାଏ
ମୋ ଭିତର ପ୍ରଣତି ଆଗେ
ତୁମେ ଥିବା ସକାଳ ଶେଫାଳୀ ପରି
ସାନ ମା
ମାଛ ପରି ମୁଁ ଥିବି
ତୁମ ପରି ମୁଁ ଥିବି
ତୁମ ସ୍ମୃତି ସରସୀରେ
ସକଳ ସେକାଳ ବହି।

ରାକ୍ଷସ

ଜେଜେ ମା' କାହାଣୀ ଖଣିରେ
ଯାହାକୁ ଭେଟି
ସାହାସ ଫଟେଇ ଗୋଟାଉଥିଲି
ପୁରାଣ ବଣରେ ତାହାଙ୍କୁ ଭେଟି
ବିଶ୍ୱାସ ଖସେଇ
କେବେ କେବେ
ବସଉଥିଲି ସିନା
ପରିଣତ ବୟସରେ
ସନାକ୍ତ କରିବା ପରେ
ସେମାନଙ୍କ କବଳରୁ
ନା ମୁକୁଳି ପାରିଲି ନା ଶିକୁଳି ପାଇଲି ।

ଉତ୍ପାତର ତାତିରେ ଅତିଷ୍ଠ ମନ
ଖାସ୍ କିଛି ଆସରା ନ ପାଇ
ହତାଶିଆ ନିଃଶ୍ୱାସର ବସ ହେଲା ।

ଅବଶ୍ୟ ଏବର ଏମାନେ
କାୟାରେ ବିଭତ୍ସ ବିରୂପ ଦଶମୁଣ୍ଡ ଅଥବା
ସାପ ମଇଁଷି ଦେହୀ ନୁହେଁ ।

କିନ୍ତୁ ମାୟାରେ ଠିକ୍ ସେମିତି
ଆଚରଣ ବିଚରଣ ନିହାତି ଅଭିନ୍ନ ।

ଠିକ୍ ସେମିତି ଧାରୁଆ ହୃଦୟ ଧାରି
ସେହି ଔଦ୍ଧତ୍ୟ ଆଧାରରେ ଦୈତ୍ୟ କୂଳ
ବଣ ବିଛୁଆତି ପରି ବିଛୁରିତ ।

କାଲିର ଗାଲୁ ଭଣତି ଠାରୁ
ଆଜିର ନର ଦେହୀ ଅସୁର
ଢେର ବେଶୀ ପାରିବାର ବହୁରୂପୀ ।
ଅଦେଖା ବୈଶାଖୀ ଆଖି ପକେଇ
ତୃଣ ଠାରୁ ତରୁ ଯାଏ ଶୁଖେଇ ପାରନ୍ତି ।
ଶ୍ରାବଣ ନଈରେ
ନୟାନ୍ତ କରି ଭସେଇ ପାରନ୍ତି ।

କାଟି କୁଟି ଲୁଟୁଥିବା ଆଜିର ରାକ୍ଷସ ମାନେ
ବୁଝି ବୁଝନ୍ତି ନାହିଁ ସିନା
ସବୁ କାଳେ ସେହି ଅଦୈତ୍ୟ ସତ୍ତା
ରହିଛି ରହିବ
ଦୈତ୍ୟର ଅଦଉତି ପାଇଁ
ପାପର ପାକଳ ପତ୍ରଝରାଇ
ପୂଣ୍ୟର ଫୁଲରୁ
ସତ୍ୟ ଶାନ୍ତି ଫଳାଇବା ପାଇଁ ।

କୃପଣ

ଏବର ଆଭିମୁଖି ନଇ ପରି ଏକମନା ହୋଇ
ଭିନ୍ନ ଏକ ଲୋଭର କୃପାଣ ଧରି
ଅହରହ ଧାଉଁଥାଏ ଅତୃପ୍ତ କୃପଣ।

ଆଖିରେ ତାର ଲାଖି ଥାଏ
ଆଖି ପାଉଥିବା ଆଖୁ କିଆରି,
ମନରେ ଥାଏ ଅମାପ ଆକର ଆଉ
କୁବେରକୁ କାବୁ କରିବାର ସ୍ୱପ୍ନ

ସେଥିପାଇଁ
ପ୍ରୀତି ଗୀତି ପଛକେ ଗୀତକୁ ଯାଉ,
ଜାତି ଯତନ ଚୁଲିରେ ରହୁ,
ରୀତି ନୀତି ପୋତି ହୋଇ
ଘାସୁଆ ହେଉ,
ଝାତିରୁ ନାତି ଯାଏ
ତାତିରେ ତରଲୁ ଅବା ମଉଳି ଯାଉ
ତଥାପି
ସେ ନିଜେ ଭାବରୁ ନିମିଷ ଘୁଞ୍ଚେ ନାହିଁ
କିମ୍ବା ଦେବାର ପୁଣ୍ୟକୁ ମନରେ ପାଞ୍ଚେନି
ହିସାବରେ ସଜା ଲାଭକୁ ହସଉ ଥିବା
ସେହି ଲୋକ ନିଜ ଲକ୍ଷ ପାଇଁ

ଅଲକ୍ଷରେ
ଚତୁର ବିଲୁଆରୁ ଓଲେଇ ବିଲେଇ,
ବଣୁଆ ମଶାରୁ ଚୁଟିଆ ମୂଷା,

ଗାଲୁଆ ଫାଗର ବେଅକଲି ବାଘ
ଆଉ ଗପର ଜଖ ଠାରୁ
ଗୋପର କାଳୀୟ ଯାଏ ରୂପାୟିତ ହୁଏ।

ଗୋଟେଇ ଗୋଟେଇ ମୋଟଉଥିବା ମନ
କେତେ ବିରୂପ ଆରୋପ ବନେଇ
ଆପଣା ଲୋଡ଼ାକୁ ଅଲୋଡ଼ା କରିବା
କ'ଣ କମ୍ ସାଧନା ?
ପର ପାଇଁ
ଏହି ପୋତା ନଈ
ପରଲୋକି ପରେ ନିଜ ଖଞ୍ଜାଠୁ ମଞ୍ଜାର
ସମ୍ପୂର୍ଣ୍ଣ ଗଣ୍ଠିଲି ଛାଡି ଯାଇ ଥିବାରୁ
ମହତ ତତ୍ତ୍ୱରେ
ସେମାନେ କୁଆଡ଼େ ମହାନ ଦାନୀ।

ଏମିତି
ଅଜବ ଅପାଂକ୍ତେୟ ସାଧକ
ଜବରଦସ୍ତ ଦାନୀ
ପିୟୁପାରେ ରହିଯାଏ ସିନା
ପ୍ରଜାପତି ହୋଇ ସକାଳ ଦେଖେ ନାହିଁ।

ମରଣକୁ କିଣିବା ମଣିଷ

କେତେକ ମୌଳିକ ସତ୍ୟ ପର
ଜନ୍ମ ପଛକେ ମୃତ୍ୟୁ
ମର୍ତ୍ତ୍ୟର ଏକ ନିର୍ଦ୍ଦିଷ୍ଟ ପ୍ରକ୍ରିୟା ।

ତଥାପି ମୋହିତ ଜୀବନ
ଲୋହିତ ଗୋଧୂଳି ଶେଷର
ସେହି ସୀମା ଛୁଇଁବାକୁ
କେବେ ଭଲରେ ଚାହେଁନି ।

ସାରାକାଳ ସଜଫୁଲ ସାଜିବାକୁ ଇଛି
ସାଜ ସରଞ୍ଜାମ ସଜେଇ ରଖିବା ନଜର
ନିଜର ଆଖିରୁ ଖସାଏ ନାହିଁ ।

ସତେଜ ସବୁଜକୁ ଝଡ଼େଇବା ପାଇଁ
ଝଡ଼ ଯେଉଁଠି ମାମୁଲି ଝାଡୁଟିଏ
ପାଚିଲା ପତ୍ରକୁ ପଚାରେ କିଏ ?

ତଥାପି ଦେଖେଇ ହେଉଥିବା
ବିଚରା ମଣିଷ
ବାଛି ବାଛି ବହାରକୁ ଦେଖନ୍ତି ନାହିଁ

କିମ୍ୱା ଭିତରକୁ ପୋଛନ୍ତି ନାହିଁ
ଲାଭ ହୋଇ ମେଳିରୁ ମୁକୁଳି ।

ଝରିବା ରୀତିକୁ
ସଭିଏଁ ଜାଣନ୍ତି ସିନା
ସେ ଭାବକୁ ଅନୁଭବି
ସ୍ୱଭାବକୁ ସଳଖି ଚଳାନ୍ତି କେଇ ଜଣ ?
ଚଳାନ୍ତି ଚଳନ୍ତି ଅବଶ୍ୟ କେଇ ଜଣ
ସମଭାବ ବହି
ମର୍ତ୍ତ୍ୟରେ ଅମର୍ତ୍ତ୍ୟ ବିସ୍ତାରି ।
ଦଧିଚି ଆଉ ଶଙ୍ଖଚୁଡ଼ ପରି
ଜୀବନକୁ
କେହି ବୁଝୁ କି ନ ବୁଝୁ
ସେହିମାନେ
ମରଣକୁ ଜିଣିବା ମଣିଷ ।

ଠକାମି

ପ୍ରଶାନ୍ତ ନୀଳାଭରେ ମନ ତୋଷୁଥିବା
ଶାନ୍ତ ଆକାଶ ଓ ସୁଧାର ସାଗର ଦିନେ
ଅଶାନ୍ତ ଅଧିର ହୁଏ।
ବାତ୍ୟାରୁ ମହାବାତ୍ୟାରେ
ବିଭସ ବିକୃତ ବିସ୍ତାରି
ସୃଜନର ଶିରୀ ସାରି ଦିଏ।
ସେହି ପ୍ରବୃତ୍ତିର
ଅପ୍ରକୃତ ପ୍ରୀତି ଆଉ
ସ୍ୱାର୍ଥ ସିଦ୍ଧି ମତି
ବିଶ୍ୱାସକୁ ବାସହରା କରେ।
ବିକ୍ରେତାରୁ ନେତା,
ବୈରାଗୀରୁ ସହଯୋଗୀ
କର୍ମଚାରୀରୁ ଧର୍ମଚାରି
ତଥା କୁହାଳିଆରୁ ଦୁହାଁଳିଆ
ସଭିଏଁ
ସେଇ ତାରିକାରେ ମନହାରି,
ପୁଣି ଲୁହ ଲହରୀରେ ଭଙ୍ଗା ତରି,
ସଭିଏଁ ଅନ୍ୟ ପାଇଁ
ସୁକ୍ଷ୍ମ ଅସୁକ୍ଷ୍ମର ଠକାମିର
ହରରଙ୍ଗା ଚଢେଇ।

ଅବଶ୍ୟ ଠକି ଠକି କେହି ଶିଖନ୍ତି।
ସେହି ଶିକ୍ଷାର ଶିଖାରେ
ନେଳିଆ, ଗୋଳିଆ, ଅଳିଆ
ଦୋଳିଆ ଠାରୁ ରଙ୍ଗିଆ ଢ଼ଙ୍ଗିଆକୁ ଚିହ୍ନି
ଚୋରା ବାଲିକୁ ଚିହ୍ନନ୍ତି।
ଠକାମି ଠୁକର
ବନ୍ଧା ବାଧା ଓ ମସୁଧା
କିଛି ସୁଧାରେ ସିନା
ସଭିଏଁ କଣ ସିଧା ହୁଅନ୍ତି ?
ହୁଅନ୍ତି ନାହିଁ ବୋଲି
ସୁନା ହରିଣୀ ଖୋଜି
ହନ୍ତସନ୍ତରେ ହଜନ୍ତି।
ସେଇଥିପାଇଁ
ଉଦାର ଉଧେଇ ପାରେନି।
ବାଧ୍ୟ ହୋଇ ଅଥବା
ଖାଲି ଟିକେ ଅଭିଜ୍ଞତା ପାଇଁ
ସେ ନଈକୁ ଯିବା
ବିଜ୍ଞାପଣ ନୁହେଁ।

କାଗଜଫୁଲ

ହିତ ଓ ବିତ୍ତ ହାତେଇବା ପାଇଁ
କେବଳ
କାର୍ଯ୍ୟାଳୟ କାଗଜରେ କଲମ ଚଳେଇ
ପୋଖରୀଟିଏ ଖୋଳେଇ
ତହିଁରେ କାଚକେନ୍ଦୁ ପାଣି ସହ
ପଥର ପାହାଚ ମିଳେଇ
ସୁନ୍ଦରୀକରଣ ପାଇଁ
କୂଳେ କୂଳେ ବିଦେଶୀ ଗଛ ଭେଳେଇ
ପରେ ପରେ ଆଉ ଆଧାର ନ ଦେଖି
ପ୍ରଦୂଷିତ ଦେଖେଇ ପୋତିଦେବା ପରି
ଆଜି କେତେ
ଆଇନର କାଗଜି ଫଳୁଛି।

ସେମିତି
ଦଳିତଙ୍କୁ ଫଳଗଛ ଦାନ
ମହିଳାଙ୍କୁ ସୁରକ୍ଷା ସମ୍ମାନ
ଶିଶୁ ଶ୍ରମିକ ଉଚ୍ଛେଦ ତଥା
ଅନୀତିର ବ୍ୟବଚ୍ଛେଦ ଆଇନ୍
ଏକ ଏକ ରଙ୍ଗିନ୍ କାଗଜ ଫୁଲ।
ଦେଶୀ ହିତେ ଜାରି
ଆମ ଆଇନ୍ ବନୀକରଣ ବନାଢ୍ୟକୁ

ଆମେ ନିଜେ କ'ଣ ବଖାଣିବୁ ?
ଦେଶ ଜାତି ପାଇଁ ମାତି ମାତି
କାଗଜରେ ଥିବା ବିଦେହୀ ମାନେ
ଆସି ଆଖି ପକେଇବେ ତ
ବାତ ଧରି ନେବ।
ତୁମ ସ୍ୱରାଜ ଓ ଶୈଶବରେ ଥିଲା କ'ଣ ?
ଶାସନରେ କିଛି ସାଧା ସିଧା ନୀତି
ଓ ସେବା ସହଯୋଗ
ଆଉ ଶୈଶବ ପାଇଁ
ଧୂଳି ଧୂସରିତ ପଡିଆର
କିଛି କିଛି ଝାବଡା ଖେଳ ତଥା
ରୂପ କଥାର ସତ, ମିତ, ସାଧନାର ସୁଧାର ଝଲକ।
ଏବର ମାନଧାରୀ ମଗଜ
କାଗଜ କିଆରି ଚଷି ଚଷି
ଫଳାଏ ସରଗ ଶଶୀ
ରଣର ରୁଣୁଝୁଣୁରେ ଶୁଣାଏ
ଆମଦାନୀ ଗୀତ।

ଶୈଶବ ପାଇଁ
ଭିଡିଓ ଗେମ,କମ୍ପ୍ୟୁଟର୍
ଦୂରଦର୍ଶନ ପରି ଭଳି ଭଳି ମନୋରଞ୍ଜନ
ଓ ବିକଶିବା ପାଇଁ
ବିଧିବଦ୍ଧ ଟିଉସନ ଗଣ୍ଡିଲି।
ଅଘରୁଆ ଶିଶୁମାନେ
ପାଠଘର ପିଠେଇବା ପାଇଁ
ଢେର ଢେର ଯୋଜନା ସାଥେ
ଶ୍ରମଚ୍ଛେଦନ ନିୟମ କ'ଣ
ପ୍ରଗତିର ପ୍ରତିରୂପ ନୁହେଁ ?

ପରିକ୍ରମଣର ପଞ୍ଚମ ସଂଖ୍ୟା

ହିରଣ୍ମୟ ହିଲ୍ଲୋଳରେ ଶୋଭନୀୟ
ଅଳସୀ କ୍ଷେତ
ଗେଣ୍ଡୁଫୁଲ ଗହଣାରେ ଲୋଭନୀୟ
ବାଡ଼ି ବଗିଚା ସହ
ଶିଶିର ମୁକ୍ତାରେ ବିମୁକ୍ତ ସକାଳର
କମନୀୟ ଘାସ ପଡ଼ିଆ ସକଳ
ତୁମ ଧୂସର ପୃଷ୍ଠାରେ
ରୁଚିର ରଙ୍ଗୀନ ଅନୁସୃଜନ ।
ବାଜିକର ଚମତ୍କାରିତା ପରି
ତୁମ ଅଦୃଶ୍ୟ ଅନୁଭବ ପ୍ରସାରି ଦିଏ
ପଶମ ପୋଷାକର ପୋଷକ
ମଣିଷ ଚଳଣି ପାଇଁ ।
ଅତିଥିଙ୍କ ଉପହାର ଭଳି
ଭଳି ଭଳି ଉପାଦେୟ ଫଳରେ
ନାନ୍ଦନିକ ନିବନ୍ଧ ସାଥେ
ଅମଳ ଉଲ୍ଲାସ ଛାନ୍ଦ
ଏକ ଏକ ମନୋରମ ଆଲେଖ୍ୟ ।
କେବଳ ତୁମ ପ୍ରଭାବରୁ
ଉଷୁମ ଶେଯରେ
ବୋଝେ ନିଦ ସହ
ଲମ୍ବିଥିବା ରାତି ପାରି ହୁଏ ମଣିଷ,

ଦୂରେଇ ଯାଏ
ପଡୁ ଥିବା ପାଣିକାଦୁଅର ଦାଗ
ମାଡୁଥିବା ମଶା ମାଛି ଜନିତ ରୋଗ।
ସୁଖପାଠ୍ୟ ପତ୍ରିକା ପରି
ତୁମକୁ କିଛିଟା ପଢ଼ି ହୁଏ
ପରିକ୍ରମଣର ପଞ୍ଚମ ସଂଖ୍ୟା
କିନ୍ତୁ ତୁମେ ସର୍ବଗ୍ରାହୀ ନୁହେଁ।
ଯେହେତୁ ସମତୁଲ ଭାବର ଅଭାବ ଯୋଗୁଁ
ତୁମେ ବୁଝ ନାହିଁ
ଅଭାବୀ ମରମ ବ୍ୟଥା
ଝରାପତ୍ର ଗାଥା।
ତଥାପି ସମୟ ସଂକଳନରେ
ତୁମ ପ୍ରକାଶନ
ଆମ ପାଇଁ ପରିହାର୍ଯ୍ୟ ନୁହେଁ।

ହାତ

ତାଜୁବ୍ ର ତିଳକ ଭାବେ ତରାସୁଥିବା
ତାଜମହଲ ଅତୁଲ୍ୟ ଲାବଣ୍ୟରେ ବିସ୍ମିତ କରୁଥିବା
ସସ୍ମିତ ମୋନାଲିସା ଆଉ
ବିସ୍ମୟର ବିଶ୍ୱସ୍ଥ ସାଜି
ଝଲସୁ ଥିବା ତାରକସି ପରି
ସବୁ କୀର୍ତ୍ତିର କୋଣାର୍କ
ହାତର ଅମାନତ
ତା ପାଇଁ
ପ୍ରଯୁକ୍ତିର ନବପଲ୍ଲବରେ
ପ୍ରଗତି କୋଇଲି ପ୍ରୀତି ଗୀତି ଶୁଣାଏ ।
ଯାବତୀୟ ବିପଣିରୁ ଜୀବନିକା ମିଳେ
ତଥା ମର୍ତ୍ତ୍ୟକୁ ଅମର୍ତ୍ତ୍ୟ ଆସେ
ଅମୃତର ଅନୁଭବ ନେଇ ।
ମିଶାଣରେ ମଣିଷ ମିଶି ପାରେ
ସ୍ୱର୍ଗ ଦ୍ୱାର ଯାଏ
ଫଗୁଣ ଓହ୍ଲାଇ ଆସି ଗେହ୍ଲେଇ ହୁଏ
ପୁଲକରେ ମହୋତ୍ସବ ରଚି ।
ଫେଡ଼ାଣରେ ଝଡ଼ ଆସି
ଡେଣା ବୀଣାକୁ ବଣା କରି ଦିଏ ।
ବାଘୁଆ ବୈଶାଖ ଓ ମେଘୁଆ ଶ୍ରାବଣ
ମାତିଯାଇ ଅସୁଖ ମତାଏ ।

ସକଳ ସୃଜନର
ସୂତ୍ରଧର ସାଜିଥିବା ସେହି ହାତ
ଶିରୀକ୍ଷେତ୍ରକୁ କୁରୁକ୍ଷେତ୍ର କରିପାରେ
ଏବଂ ହାତାହାତିରୁ ହାତେଇବା ଲୀଳା ରଚି ପାରେ।
ଏଥିପାଇଁ ଅବଶ୍ୟ ମୋତିର ଆଧାର ଅଲଙ୍ଘ୍ୟ।
ସେଥିପାଇଁ
ନିଯୁକ୍ତ ମତି ହିସାବି ହେଲେ
ହାତର ହସ୍ତାକ୍ଷର
ଭଗିରଥ ପରି ଭାସ୍ୱର ହେବ।

ଗରମ

ଜୀବନ ସାରଣୀରୁ ସକାଳ ସରିବା ପରେ ପରେ
ଭାରିଯାଏ
ଦୈହିକ ଦାବାନଳ ସମ୍ଭୂତ
ଆକର୍ଷିତ ଉତ୍ତାପର ଅନୁପମ ସଂସ୍କରଣ
କାଉଁରି କିମିଆ ପରି ।
ବିଷମକୁ ବଶ ପାଇଁ ସଞ୍ଚରିତ
ସେହି ତାପର ଉତ୍ତରଣ
କେତେ ଘଟଣାକୁ ଅଘଟଣ କରେ
ଆହୁରି ଗରମ ଗୋଳେଇ ।

ଅର୍ବଚନୀରୁ ନିର୍ବାଚନ,
ଅକିଞ୍ଚନରୁ ଉଚ୍ଚାସନ
ତଥା ଖେଳରୁ ଦଳ ଯାଏ ସବୁଠି
ଗରମ ପରମ ପ୍ରକ୍ରିୟା
ପ୍ରସାରିତ ସିନା
ଟଙ୍କା ପାଖରେ ତାହା ଅନନ୍ୟା ।

ଟଙ୍କାର ଗରମ ଲଗେଇ ପାରେ ପକ୍ଷୀ
ଯୋଗେଇ ପାରେ ଅଯାଚିତ ରାକ୍ଷୀ,
ହଜେଇ ପାରେ ହାଜତ ଇଜ୍ଜତ

ଆଉ ସଜେଇ ପାରେ
ଗଧିଆକୁ ସଭାରେ ବୁଦ୍ଧିଆ।

ଗରମ ନାହିଁ ତା ରାଜନୀତି ଏବେ
ଗରମ ମସଲା ମିଶି ନ ଥିବା
ତରକାରୀ ପରି ତୁଚ୍ଛ ନୁହେଁ କି ?
ଗରମ ନାହିଁ କେଉଁଠି ?
ଆଜିକାଲି
ମିଲିମିଟର କ୍ଷମତାରେ କିଲୋମିଟର ଯାଏ
ଗରମ ଚରୁଛି।
କାଳ କାଳରୁ କୋଳେଇ ଥିବା
ମେରୁର ବରଫ ଯେଉଁଠି
ଟଳିଲାଣି
ସେଇଠି
ଅବନୀ କରଣ ଇଲାକାରେ
ଅଂଶୁଘାତ କଣ ଛାର କଥା ନୁହେଁ ?
ଏଥିପାଇଁ ମଣିଷ ଯଦି ମଣିଷ ନ ହୁଏ
ତେବେ
ଉତ୍ତାନ ପାଦ ଉତ୍ତାପର ବହୁରୂପୀ ମାୟାରେ
ଆଗେଇବା ରଙ୍ଗେଇ ଥିବା ସହଳେ ସରିବ।

ବିଦେହୀର ବ୍ୟବଚ୍ଛେଦ

ଆକୃତି ଭିତରେ ସ୍ୱୀକୃତି ନେଇ
ଆତଯାତ ହେଉଥିବା
ସବୁ ମଣିଷ, ମଣିଷ ନୁହଁନ୍ତି ।

ଆଖି ପାଇଁ ସିନା ସଭିଏଁ ଏକ ଜାତୀୟ
ଆଖିର ସେପାରେ କିନ୍ତୁ
ଶୃଗାଳ, ଶାର୍ଦ୍ଦୁଳ, ମାର୍ଜାର, କୁକୁର,
ଶୂକର, କୁମ୍ଭୀର ପରି
ବିବିଧ ବିଦେହୀଙ୍କୁ ଧରି
ଅନେକ ନରଦେହୀ ଚେସ୍ ବେପରୁଆ
ଆଉ ଜୀବରେ ସାର ଭାବେ
ବଢ଼ିଆ କାଢୁଆ ।

ସେମାନଙ୍କ ଆଚରଣରେ ନ ଥାଏ
ଅମଚ୍ଛା ହେବାର ବାଛ ବିଚାର
ସଲଜ୍ଜ ସମ୍ଭ୍ରମ ପାଇଁ ବାସ୍ତବ ବସ୍ତୁତ୍ୱ,
ବୁଝାମଣାର ମିଳିତ ଝଙ୍କାର
ତଥା ସୃଜନୀର ସଂଯୁକ୍ତ ଓଁକାର
ଥାଏ, ସ୍ୱାର୍ଥର ସଣ୍ଟୁଆସୀ
ଅର୍ଥର ଅବ୍ୟର୍ଥ କା
ବାଛି ବାଛି ଅଥବା ପୋଛି ପୋଛି ନେଇ

ଆଚ୍ଛା ହେବାର ସ୍ୱେଚ୍ଛଚାରୀ
ଆଲୁଅକୁ ସବୁବେଳେ ଅନ୍ଧାର ଫୋପାଡ଼ି ତଡ଼ିବାକୁ
ଇଚ୍ଛୁ ଥିବା
ସେହି ଅବର୍ଣ୍ଣ ସଂଯୁକ୍ତ ମଣିଷ
ବୁଝି ବୁଝେ ନାହିଁ
ଏମିତି ମାତିବାର ରୀତି ଅତୁଟ ରହେନି ।
କିମ୍ବା ସକାଳର ସଙ୍କଳନ ହାତେଇ ପାରେନି ।

ସୁବାସ

ପରସମଣି ପରି
ପୁଣ୍ୟବାହୀର ସାନ୍ନିଧ୍ୟ ହୁଏତ,
ଦଗ୍ଧର ମୟୁଖ ମାଖି ପାରେ,
ଗତିକୁ ଶାନ୍ତି ଦେଇ ପାରେ ।

କିନ୍ତୁ ମରୀଚିକା ପରି ମାୟାଧାରୀର ହାବୁଡେ ପଡ଼ିଲେ
ମାଂସ ଝଡ଼ି ଝଡ଼ି ହାଡ଼ ପଡ଼ିବା ଯାଏ
ଛାଡ଼ ମିଳେ ନାହିଁ
ଜୀବନରୁ ଝଡ଼ ସରେ ନାହିଁ
କିମ୍ବା
ମୋଡ଼ା ମକଚାରେ ତୋଡ଼ ସରେ ନାହିଁ
ଦାନବ ଦୌରାତ୍ମ୍ୟରୁ ବଳି
ବଳୁଆ ଦହଗଞ୍ଜରେ ଜୀବନଟା ଖାଲି
କଲବଲରେ ବଲବଲ ହୋଇ ଦେଖେ
ଛଳିଆ ଛାଇର ଛବି ।

ଛଇଳ ନାଗର ପରି
ସେହି କାଳିଆ କଳାର କମାଲରେ
ନା ଥାଏ ନୀତିର ନିକିତି
ନା ଥାଏ ବିବେକର ସୂକ୍ତି

ଥାଏ ପାଶବିକ ଥାଟର କୁହାଟ ଆଉ
କୂଟ କପଟର ଅସୁମାରି ନାଟ।

ପଥି ପାଥେୟ ବିନା ନିତି ମରୁଥିବା ମାଆର
ଯାତନା, ବାପା ଶ୍ରାଦ୍ଧର ଥୋପ ପକେଇ
ଶ୍ରଦ୍ଧାର ସାଉଁଟିବାର ଟୋକେଇ
ଆଉ ଦେଖେଇ ହେବାର ଅଦମ୍ୟ ଚାତୁରି।

ଏଣିକି ଚାହିଁ ତେଣିକି ଦେଖୁଥିବା
ଆଖି ପାଇ ମନେ ମନେ ନରପକ୍ଷୀ ସାଜିଥିବା
ସେହି ବାସହୀନ ବିଷଧର ନାମ ପୁଣି
ସୁବାସ ପସରା।

ଗପର ସାପ ପରି ଆଚାର ବିଚାର ଧରି
ବିଷ ଢାଳୁ ଥିବା ସେହି ଅମଛା,
ସାପୁଆ ସମୟର ପେଡ଼ି ପଦ ଗଦାରୁ ଉଧୁରିବା
ସହଜ ହୁଏନି।

ଅଶାନ୍ତି

ବିକ୍ଷୁବ୍ଧ ବିରୁଡ଼ି ଆକ୍ରାନ୍ତ ପରି
ଅବାଂଛିତର ଅନୁପ୍ରବେଶରେ ତଥା
ଅବୋଲକରା ବେଳର ଧକ୍କାରେ
କାମନା ଗଛରୁ ପଡ଼ି ଛଟପଟ ହୋଇ
ଦିନ କାଟୁଥିବା ମନରେ ତୁମେ
ଭାରି ଅନମନୀୟ।

ତୁମ ଅପରିମିତ ପତିଆରା ପାଇଁ
ଶୀତୁଆ ସକାଳେ ବିଲଶାଖି ମାତେ
ଫଗୁଣ ଖେଳକୁ ଶ୍ରାବଣ ଚଳାଏ
ଏବଂ ଜମାଣିଆ ଜୀବନ ଗତିକୁ
ଶୂନ୍ୟ ସନ୍ୟାସୀ କବଳିତ କରେ।

ପ୍ରଗତି ମତିରୁ
ପ୍ରିୟଜନ ଗତିଯାଏ
ସବୁ ସଂଯୋଜନାକୁ ବିଯୋଗ ଯୋଗାଇ
କୋକୁଆ ପରି
ଅଦେଖା କାୟା ମାୟାରେ
ସାରା ଦୁନିଆକୁ ତୁମେ ଦହି ପାର।

ସତରେ ତୁମେ କଣ ନ କରି ପାର ଅଶାନ୍ତି ?

କେବଳ ତୁମକୁ ସାମ୍ନା ନ କରି ପାରି
ନିଜକୁ ନିଜେ
ଅକାଳରେ ହଜେଇ ଦିଏ ଜୀବନ
ସବୁକିଛି ଲୋଭ ଲାଭ ତୁଚ୍ଛ କରି ।

ତୁମ କରଣି ଓ କାରସାଦିରୁ
ମୁକୁଳିବା ଅସହଜ ସିନା
ସାଧ୍ୟାତୀତ ନୁହେଁ,
ଯାବତୀୟ ବେଖାପରୁ ପରିପୁଷ୍ଟ
ତୁମରି ଚେହେରା ଆଉ
ଚେରମୂଳ, ଡାଳ, ଫଳ ପୃଷ୍ଠଭୂମିକୁ ଜାଣିଲେ
କିଣିବା ବଳେଇ ଯବନି ।

ଗୋଲିଆ ଗଣିତ

ବିକାଶର ଆଦିଭୂମିରେ ବିବେଚିତ
ପକ୍ଷିଆ ପରି ମୁଖିଆ ମାନଙ୍କ ମୁଖ୍ୟର ନାମ
ରାଜା ହେବା ପରେ
ତାଙ୍କ ଚଳନ ଚାଳନ ଚହଟିଲା
ରାଜନୀତି ହୋଇ ।

ମୋତି ପରି ତରାସୁଥିବା
ସେ ନୀତିରେ ଭରିଥିଲା
ତ୍ୟାଗର ସଂଜୀବନୀ,
ଶୃଙ୍ଖଳାର ଶଙ୍ଖଧ୍ୱନି,
ସାମ୍ୟର ରମ୍ୟ ଗୀତି
ତଥା
ସୁରକ୍ଷାର ଅଭିବ୍ୟକ୍ତି ।

ନ ଥିଲା
ଅଳିଆ ଗୋଳିଆର ଗଣିତ ଏବଂ
ସାଁବାଲୁଆର ସାହିତ୍ୟ ।

ଆଜିକୁ କାଲିର ସେହି ଶବ୍ଦ
ଅବଶ୍ୟ ଜବଦ କରୁଛି,
ସ୍ତବ୍ଧ କରୁଛି କିନ୍ତୁ,

ଅମୂଳ ପରିମଳ ହଜେଇ,
ଜଙ୍ଗଲିଆ ପାଲଟି ଯାଇଛି।

ତହିଁରେ ଦାଦାଗିରି ଫାଉଡ଼ା ତଥା
ସଂରକ୍ଷିତ ହାଉଡ଼ା
ଏକାକାର ହୋଇ
ହାତୀକୁ ପାତି ଓ ପାତିକୁ ହାତୀ କରନ୍ତି।

ଏଥିରେ ସାମିଲିଙ୍କ ପାଇଁ
ସବୁଳ ହାତୀ ମାମୁଲି,
ନା ଅଛି ଅକଟ ଆକଟ ଉପଚାର
ନା ଅଛି ଖାଇବାରେ ବିକାର
ନା ଅଛି ପାଇବାରେ ନାଚାର।

ଏ ନୀତିରେ ମତୁଆଲାଙ୍କୁ
ଉପର ବାଲା ନୁହେଁ
ତଳେ ରହୁଥିବା ନିର୍ମଳ ମନ
ଟିକେ ଧାନ ଦେଲେ ତଙ୍କ ଭାଙ୍ଗିଯିବ
ଜାଜୁଲ୍ୟ ଦିଶିବ।

ଗରମ ଗଣ୍ଡିଲି

ଗୁହ୍ୟ ଆଉ ବାହ୍ୟର ବସତିରେ
ଆଜିକାଲି ଖାଲି ଗୋଟିଏ ଋତୁ
ରିତିମତ ମାତି ମତଉଛି, ଗରମ ନା'ରେ।
ଚାମୁଚାଏ ଗରମରେ ଚରମ ଅହଂଙ୍କାର
ଚେର ମେଲି ନିଲଠା ମୂଢ଼,
ଭଡ଼୍ ଭଡ଼୍ ହୋଇ
ନିଜକୁ ବେଶ୍ ବଡ଼୍ ବୋଲାଉଛି।

ଡାକ ବାଜି ପରି,ରଡ଼ିର ତୋଡ଼୍‌ରେ
ଲୋକାଚାର ହିଡ଼୍‌ବାଡ଼୍ ତଡ଼ି
ବଢିଆ କାଢୁଆ ବୋଲାଇ ପାରିଛି।

ବେଶୀ ଜାଣିବା ବହପ ଦେଖାଇ
ସେହି ଫମ୍ପା ଢୋଲ
ଚମ୍ପାଫୁଲିଆ ହସରେ
ନିଜେ ନିଜର ବଡ଼ିମା ଗାଉଛି।
ସିଦ୍ଧପୁରୁଷର ପାଟପଟୁଆର ଧରି
ଶୁଭଚିନ୍ତକ ସାଜୁଛି,
ଚିତାବାଘ ପରି ଆଉ
ଚୋଟ ମାରି ମାରି
ସଜୋଟ ସମାଜ ସେବକ ହେଉଛି

ତମ୍ପସାପ ପରି ।
ଆପଣା ଭଣତିରେ ମହାତ୍ମାର ମଞ୍ଚ ହୋଇ
ନିଶ ମୋଡ଼ି ମୋଡ଼ି
ନିଶା ମୁକ୍ତିରେ ସୂକ୍ତି ଶୁଣାଉଛି ନିତି ନିଶା ନେଇ ।

ଉତ୍ତୁଙ୍ଗ ତରଙ୍ଗ ପରି
ଉତ୍ପାତ ବୋହି
ମନେ ମନେ ମାନ ଗୋବିନ୍ଦ ମାଜିଥିବା
ସେହି ନିଉଛୁଣା ନରଦେହୀ ଅମଛା ମାଛି
କେବେ ମହୁମାଛି ତ ହେବନି
ବେଳ, ସବୁବେଳେ ତାକୁ ଚଳେଇବ ନାହିଁ
ଗରମ ଗଣ୍ଡିଲିର ଗରିମାକୁ ଦେଇ ।

ପ୍ରଣମ୍ୟ ପୀୟୂଷ

ସକାଳର ସଜଫୁଲ ପରି
ସାରାକାଳ ସକଳ ମାନସରେ ସରସିଜ ହୋଇ
କେହି କଣ ରହେ ?
ବିଶ୍ୱ ବସତିର ନସ୍ୱର ଭିତରେ ଏମିତି କେହି କଣ
ଶାଶ୍ୱତ ସଂଜ୍ଞା ଦେଇ ପାରେ ?
ନିସର୍ଗ ସମୟର
ସୁମନ୍ତ୍ର ସହଯାତ୍ରୀ ସାଜି
କେହି କଣ
ଅନାସକ୍ତ ମନ୍ତ୍ରରେ
ଅମୃତ, ମହିମା ଦେବାକୁ ସମର୍ଥ ?
ସମର୍ଥ ।
ସମାଜ ବୀଥିକାରୁ ନବୀନ କଥିକା ତଥା
ଯାତନାର ଯବନିକା ଟାଣି
ନିର୍ବାଣର ନିର୍ଘୋଷ ଦେବାରେ ତୁମେ ଅନୁପମ ସିଦ୍ଧ
ସାଧକ ।
ଶୁଦ୍ଧ ପୁରୁଷରୁ ସିଦ୍ଧ ବୁଦ୍ଧ ହେବାର
ସାନ୍ନିଧ୍ୟର ସୁଧା ପାଇଥିବା
ସେହି ପୀଠରୁ ବୋଧିଦ୍ରୁମର ଆଦେଖା ଶାଖା
ଶିଖଉଛନ୍ତି ଶାନ୍ତି ସମ୍ପ୍ରୀତିର ପରିଭାଷା
ପ୍ରତିକୂଳ ପ୍ରାଣକୁ ପ୍ରଶାନ୍ତିର କୂଳ ଦେବା ପାଇଁ ।
କପିଳାବାସ୍ତୁର ବସ୍ତୁତ୍ୱର

ତୁମ ସେହି ଅସ୍ତିତ୍ୱକୁ
ନିରଞ୍ଜନା ନେଇଥିଲେ ସିନା
ବହି ନ ପାରି
ବୁହାଇଲା ଏ ଭୁବନ ସାରା
ଭଗବାନ ତଥାଗତ ରୂପେ ।
କାମନା ବିନାଶର
କମନୀୟ କିମିଆ ତୁମର
କାଢ଼ିନେଲା କୁମତିରୁ ହିଂସା,
ଫେଡି ଦେଲା ରକ୍ତର ପିପାସା,
ଯୋଡ଼ି ଦେଲା ଯୁଗଜୟୀ ସତ୍ୟର ଅଷ୍ଟଙ୍ଗ ।
ସେହି ବିଶିଷ୍ଟ ବୈଶିଷ୍ଟ୍ୟ ପାଇଁ
ମର ଲୋକେ ତୁମେ
ଅବିନାଶୀ ପ୍ରଣମ୍ୟ ପୀୟୂଷ ।

ନରଦେହୀ ନେଳିଆ ଶିଆଳ

ଆଗରୁ ନ ଥିଲା ବୋଲି ନାହିଁ।
ଅବଶ୍ୟ ଥିଲା।
ଥିଲା ବୋଲି ରାମଙ୍କ ନାମରେ ରାମାୟଣ
ଆଉ କୃଷ୍ଣଙ୍କ କାହାଣୀ
ଏବର ଚାହାଣିକୁ ଚମକାଇ ଦେଉଛି।
କିନ୍ତୁ ଏମିତି ମତି କଣ ଥିଲା ?
ସେ ବେଳର ବଲୁଆଙ୍କ ନିତି ନଈ କୂଳେ
ସଂସ୍କୃତିର ସହକାର
ଯେମିତି ହେଲେ ବି ଶାଖା ମେଲୁଥିଲା।

ଏ କାଳର ପ୍ରଜାପତିଙ୍କ ଭିତରୁ
ମାତୁଥିବା ସଂବାଲୁଆଙ୍କର
ନ ଅଛି ବିଚାର ନା ଅଛି ଲକ୍ଷ୍ମଣ ଗାର।
ଭୋକରେ ତାଙ୍କର ଭିଜୁଚି ଅରୁଣିମା
ଶୋଷରେ ସରୁଛି ସବୁଜିମା
ଚଳଣିରେ ଚଳୁଛି
ଚେରରୁ ଚମ୍ପାଫୁଲ ଯାଏ
ଚଲୁର ଚାତୁରୀ।
ସବୁ ଆକଟକୁ ସଢ଼େଇ ପାରୁଥିବା
ସେହି ବଢେଇମାନେ
ବଢିଆ ଯାଦୁକର ପରି

ସତକୁ କାଟି କୁଟି ଗଢ଼େଇ ପାରନ୍ତି ।
ପରନ୍ତୁ, ସୁନୀତିର ଶଙ୍ଖ ମୁହଁରୁ କାଢନ୍ତି ନାହିଁ ।
ପଡିଆରା କାହିଁକି ଛାଡ଼ିବେ ?
ସିଂହ ଶୂନ୍ୟ ଯୋଗୁଁ
ବାଘ ଯେଉଁଠି ବନରାଜ
ସିଏ ଇଚ୍ଛା କଲେ ଅଣ୍ଡା ଦେଇ ପାରେ
ସ୍ୱଇଚ୍ଛାରେ ପୁଣି ଛୁଆ ପ୍ରସବି ପାରେ ।

ମନ କଲେ ପୁଣି ମହୁଲି ସାଥେ
ନହୁଲି ଚାଖେ ଚଷମା ଲଗାଇ ।
ଶୁଣି ଜାଣି ଚାହିଁ ଚେଇଁ
ଛେଳିଆ ମନ
ସେହି ଗୋଳିଆ ଉଭୟଚରଙ୍କୁ
ଭାଗ୍ୟ ଓ ଭଗବାନଙ୍କ ହାତରେ ଛାଡନ୍ତି,
ପରନ୍ତୁ, ପହଁରା ପକାଇ ପାରନ୍ତି ନାହିଁ ।

ତଥାପି ଏମିତି ନାରଦେହୀ
ନେଳିଆ ଶିଆଳ ମାନେ
ବେଳର ବଳ ଓ ଆଳୁଅକୁ ବହକି ଯିବେନି ?

ପୋକ

ଗୋଳିଆ ନଈରେ ପୋକ।
ଅଳିଆ ଅନ୍ଦିକନ୍ଦିରେ ପୋକ।
କ୍ଷେତ ଖାତର ଖାତାରୁ
ମିତର ଦାଖଲ କେଉଁଠି ନାହିଁ ?
ନିବିଡ଼ ବାଡ଼ ଆଉ ମଡ଼ ନିବାରକ ସତ୍ତ୍ୱେ
ପୋକର ଚଳିବା ପକ୍କା।
ନା ଅଛି ଚେନାଏ ଖିଲାପ
ନା ଅଛି ଚଉଠେ ବିଚାର।

ସାଲୁବାଲୁରେ ସଳଜ ନ ରଖିବାରୁ ସେ ସର୍ବବ୍ୟାପୀ,
ଧମକର ଧାର ନ ଧରି ସିଏ
ଧସେଇ ପଶିବାରେ ଧୁରନ୍ଧର।
ପୋକର ଭୋକ କୁଆଡ଼େ ଭାରି ବେପରୁଆ।
ଫଳ ଭକ୍ଷୀ ଭୋକ ସିନା ଘୁଞ୍ଚି ଥାଏ
ଫୁଲ ପାଖରେ ନସର ପସର
ନା ପସନ୍ଦ ଲାଗିଲେ ବି
ପାଠ ସେମିତି ଗହନରେ ଥାଇ ନ ଥାଏ।

କାଗଜ କବଜା କରିଥିବା
ମଗଜ ଯେତେବେଳେ ପୋକ ପାଲଟୁଛି
ସେତେବେଳେ ନାହିଁ ନ ଥିବା ଭୋକ ପାଇଁ

ଆଲୁଅ ସରୁଛି
ଗଣମାଧ୍ୟମ ଗଣିତ କଷୁଛି ।
ତଦନ୍ତ ତହିଁରେ ଦାନ୍ତ ଲଗେଇ
ପାହାଡ଼ ତାଡୁଛି ମେଣ୍ଢା ମୁଣ୍ଡ ଆଣି
ଛେଳି ତୁଣ୍ଡକୁ ଭଣ୍ଡେଇବାକୁ ।

ଖାଇବା କଳା ଯେମିତି ସେମିତି
ଶାସନ ଚଳଉଛି
ଶୋଷିତ ପାଇଁ ସଫେଇ ଦେଉଛି
ପୀଡ଼ିତା ନାଁରେ
ମର୍ଯ୍ୟାଦା ପରଷି ।
ମାଲିସ୍ ସାଲିସ୍ ମିଶାଣ ନ ସରିଲେ
ପୋକର ଭୋକ ଅସରା ଥିବ
ହଇଚଇ ଗୁହ୍ଲା ଚାଲିଥିବ
ଦିନକୁ ଲଣ୍ଠନ ଧରେଇ ।

ପୌରୁଷ ପ୍ରତୀକ

ସେ ମହାନ୍ ଅମ୍ଳାନ ଶକ୍ତିମାନ।
ନଶ୍ୱର ଭିତରେ ତମେ ସତରେ ଭାସ୍ୱର।
ମହୀର ନିୟତ ମୃତ୍ୟୁର ହାତରୁ
ପରିତ୍ରାଣ ନ ପାଇଲେ ବି
ତୁମେ ମୃତ୍ୟୁଞ୍ଜୟୀ କୀର୍ତ୍ତିର କାହାଣୀ।

ମର୍ତ୍ତ୍ୟର ମଣିଷ ତ ଛାର,
ଅମର୍ତ୍ତ୍ୟ ବାସୀ ମଧ୍ୟ
ତୁମ ସୁଦୀପ୍ତ ପୌରୁଷ ପାଶେ ତୁଚ୍ଛ ମଳାଜହ୍ନ
ତଥା ଅସ୍ୱଚ୍ଛ ସାର୍ଥପର।
ଅରୁଣୋଦୟରେ ଦୟା ପ୍ରାର୍ଥୀ ଦେବରାଜ
ମାଗିଲେ ତୁମର ତ୍ରାଣକର୍ତ୍ତା କବଚ କୁଣ୍ଡଳ।
ପୂର୍ବ ସତର୍କର ବିରୋଧାଭାଷରେ ନ ଭାସ
ତୁମେ ହସିହସି ସମର୍ପିଲ ତାହା
ଇନ୍ଦ୍ରିୟ ଲାଳସୀ ଇନ୍ଦ୍ରପୁତ୍ର ପ୍ରମାଦ ଘୁଞ୍ଚେଇ।
ସଞ୍ଚିତ ତୁମ ନାମରୁ ଦାନବୀର ଶବ୍ଦ
ଲିଭେଇ ନ ପାରି ହାରିଲେ କେଶବ
ତୁମ ପୁତ୍ର ବଳିଦାନ ନେଇ,
ମହାଦାନୀ କର୍ଣ୍ଣ ବୋଲି ଦେଲେ ସେ ସ୍ୱୀକୃତି।

ଦାନର ପୁଣ୍ୟରେ ତୁମ ବ୍ୟକ୍ତିତ୍ୱ
ଯେମିତି ବିସ୍ମୟ ବ୍ୟଥିତ
ଧନୁ କରେ ବୀରତ୍ୱ ଗାରିମା ସେମିତି କଳ୍ପନାତୀତ ।
ସାଂଘାତିକ ସ୍ୱାଭିମାନରେ ତୁମେ ପୁଣି
ସାରାକାଳେ ସ୍ୱାଗତ ସଙ୍ଗୀତ ।
ଉଚ୍ଚନୀଚ କୋଳେ ଜନ୍ମ କେବଳ ଦେବର ଅଧୀନ
ମାତ୍ର ପୌରୁଷତା ମୋ ଆୟତ୍ତ ବୋଲି
ଦମ୍ଭୋକ୍ତି ତୁମ ଅସ୍ମିତାର ସୁଦୀପ୍ତ ତପନ ।

ନିରସ୍ତ୍ର ନିରେଖି ଭୀରୁପଣ ସିନା
ନିଶେଷିଲା ତୁମ ମରଦେହ
ଅମର ଅକ୍ଷୟ କିନ୍ତୁ ତୁମ ଗାରିମା ଗୁରୁତ୍ୱ ।
ପୁରାଣରେ ତୁମ ଜ୍ୟୋତି ପ୍ରଣିଧାନ ପରି
ଯିଏ ପ୍ରତ୍ୟୟରେ ପ୍ରମତ୍ତ,
ପ୍ରତିଭାରେ ସମନ୍ୱିତ,
ପ୍ରତାରଣାରୁ ନିବୃତ୍ତ,
ସିଏ ତୁମ ପରି ଝଲକରେ
ମନ ଜିଣୁଥିନବ କାଳଜୟୀ ହୋଇ ।

ପୁନଶ୍ଚ ମହିଷାମର୍ଦ୍ଦିନୀ

ସମୟ ପଛେଇ ଥିବା ପାଦ ଚିହ୍ନକୁ
ଚାହିଁଲେ ଚହଟେ ଚମ୍ପକ ବରଣୀ ଚମତ୍କାରିତା
ପ୍ରଗତିର ପ୍ରତି ପାହାଚରେ ପ୍ରୀତିଧାରା ହୋଇ।
ପୁରାଣରେ ପରିଣତ ବିଜ୍ଞତା ବିସ୍ତରି
ଗାର୍ଗୀ, ମୈତ୍ରେୟୀ, ଲୋପାମୁଦ୍ରା ଆଦି
ଏଯାଏଁ ଔଜଲ୍ୟରେ ବିକଶିତ ସଜଫୁଲ ପରି।

ଇତିହାସ ପିଠିରୁ ପୈଠ ହେଉଛି
ସସ୍ମିତରୁ ବିସ୍ମିତ ବୀରତ୍ୱ
ପ୍ରବୀଣା ସୁଲତାନା ତଥା
ପ୍ରଣମ୍ୟ ରାଣୀଙ୍କ ସମର୍ଥ ସ୍ୱାକ୍ଷର।

କମନୀୟ କଳାର କଉମୁଦିରୁ
ନମନୀୟ ନିତ୍ୟ ଲୀଳାର ନନ୍ଦିଘୋଷ ପାଇଁ
ସେହି କୀର୍ତ୍ତିମୟୀ
କାଳେ କାଳେ ସାର୍ଥକ ସାରଥୀ
କନ୍ୟାରୁ ଜାୟା ଜନନୀରେ ଜ୍ୟୋତିର୍ମୟୀ ଯଦି
ଉପେକ୍ଷିତା
ତେବେ କିଏ ହେବ ସୃଜନିକା
ମଧୁମୟ ସମାଜର ସମୁଜ୍ଜ୍ୱଳ ପାଇଁ।
ଯେଉଁଠି ସେ ପୁଣ୍ୟମୟୀ

ପ୍ରମତ୍ତ ପିଶାଚଙ୍କ ପଞ୍ଝାରେ ପିଞ୍ଜି ହୁଏ
ସେଇଠି କ'ଣ ଶାନ୍ତି କାନ୍ତି ସହଯୋଗୀ ହୁଏ
ସଦ୍ଭାବକୁ ଥୋଇ।
ଯେଉଁଠି ଅମଚ୍ଛା ଆଇନ୍ ଆଳରେ
ନାରୀ ସ୍ୱାଧୀନତା ସ୍ୱାଦ ଗନ୍ଧ ମରେ
ବନ୍ଧୁକ ବଳରେ,
ସେଇଠି କେମିତି ଫୁଟିବ ସଂପ୍ରୀତିର ଫୁଲ
ସଂସ୍କୃତିର ଫଳବତୀ ପାଇଁ।

ଆତଙ୍କିର ନିବିଡ଼ ରୁଢ଼ୀବାଦୀ ଚିନ୍ତା ଆଉ
ନିହାତି ନ୍ୟୁନ ସାର୍ଥର ନକ୍ସାରେ
ଅଦଉତିର ଯାତନା ଜୁଇ
ବାସ୍ତବିକ ଦାନବୀୟ ଦୌରାତ୍ମ୍ୟରୁ
ଆହୁରି ନାରକୀୟ।
ଦୟନୀୟ ଦିନରାତିର
ଦୁର୍ବିସହ ପରିଣତିକୁ
ଭାବିଲେ ଭାବ ହଜି ଯାଏ
ଦେଖିଲେ ଆଖି ବୁଜିଯାଏ।

କେମିତି କେଜାଣି
ଘୁଞ୍ଚେନି ସନ୍ତ୍ରାସୀ ମଣିଷ
ଚାହିଁ ପୁଣି ଚାହେଁ ନାହିଁ ଅବଶିଷ୍ଟ ବିଶ୍ୱ।
ପ୍ରତିବେଶୀ ପିଶାଚଙ୍କ ବିଷମ ବିସ୍ତାରରୁ
ନିସ୍ତାର ପାଇଁ
ପୁନଶ୍ଚ ମହିଷା ମର୍ଦ୍ଦିନୀ ଭାବ ବିରାଜିଲେ
ସର୍ଜନାର ଶତଦଳ ନିଶ୍ଚୟ ଫୁଟିବ।

ଭୁଲିବାର ଭାଷ୍ୟ

ଜାଗତିକ ଯଜ୍ଞଶାଳାର ଆବର୍ତ୍ତରେ
ଘଟ ପରି ଘଟଣା ଆସିବା ଯେମିତି ସତ
ସରିବା ସେମିତି ଅସତ ନୁହେଁ।
ସ୍ନିଗ୍ଧ ଶରତରେ ମୁଗ୍ଧ ଜୋଛନାରେ
ଜୁଡୁବୁଡୁ ଶେଫାଳି ଝଲକ
ସକାଳେ ସରିବା ପରି
ଅସୁମାରି ମନଛୁଆଁ ମୁହୂର୍ତ୍ତ
ବିବର୍ତ୍ତନରେ ସରିଯାଏ।

ବେପରୁଆ ବନାନୀର ସବୁଜ ପଟୁଆର
ପତ୍ରଝଡ଼ା ପଉଷ ଶାସନରେ
ନିସ୍ୱ ହେବା ପରି
ପେଣ୍ଟା ପେଣ୍ଟା ପୁଲକ ପଲ୍ଲବ ମଧ୍ୟ
ମନରୁ ମିଳାଏ।
ପୁନେଇଁ ଜହ୍ନ ସରି ସରି
ଉଆଁସରେ ଲୀନ ହେବା ପରି
ଜୀବନ ପଥରୁ ଅନେକ ଭେଟଭାଟ
କ୍ରମଶଃ ଅଭେଟ ହୁଏ।
କେତେ ଭଲ, ଅଭଲ ଘଟଣା ଦୁର୍ଘଟଣା
ଭୌତିକ ଭିତ୍ତିରୁ ସିନା ସରେ
ଭିତରୁ ଭିତରୁ ସହଜେ ଘୁଞ୍ଚେନି।

ଯେମିତିକି ଉପରିସ୍ଥରୁ ଅପଦସ୍ତ,
ଧନୀମାନୀଠାରୁ ମନ କଷ୍ଟ
ପ୍ରମତ୍ତ ପତିଆରାରୁ ବେତ୍ରାଘାତ
ପ୍ରତାରଣାରୁ ପଥଭ୍ରଷ୍ଟର
ପରିଶୋଧ ପାଇଁ ସୁଧ କଷି କଷି
ବେହିସାବୀରୁ ବେହାଲ ହୁଏ
ଅବୋଧ ମଣିଷ।

ଟେକା ପାଇଁ ପଥର ପରି
ପ୍ରତିଶୋଧର ଫୋପଡ଼ ଯୋଗାଡ଼ିବା ପାଇଁ
କଷ୍ଟାରେ ଫୋଡ଼ି ହେବା ଯୋଡ଼ି ହୋଇ
ଅହରହ କ୍ଷତିରୁ କ୍ଷତାକ୍ତ ଦିଏ।
ଘଣାରେ ପକାଇବା ନିଶାରେ ପଡ଼ି
ଭିତରେ ଭିତରେ ଘୁଣରେ ଜଡ଼ିବା ଆଉ
ପଙ୍କରେ ଘାଣ୍ଟି ହେବା ସାର ହୁଏ ସିନା
ସରସ ରହେନି କି ସାରସ ହସେନି।

ଏସବୁ ନଭୁଲି ଭାବିଲେ
ଭଲରୁ ଝଲକ, ଫୁଲର ମୁଲକ
ତଥା ସାବଲୀଳ ଗତିରୁ କେବେ ରାତି ସରିବନି
ଡଉଲ ଡାଉଲ ବେଳ
ବେଳେ ବେଳେ ବୁଢ଼ା ହୋଇଯିବ।

ଘର

ବୟସର କିମିଆରେ ଯେତେବେଳେ ମିଠା ତାତି
ଜୀବନ ଯମୁନାକୁ ମତୁଆଲା କରେ
ସେତେବେଳେ ମନେମନେ ମାତେ
ଆନ ସାଥେ ଘର ବାନ୍ଧିବାର ସ୍ୱପ୍ନ।
ସେହି ମାନଚିତ୍ରରେ ଚିତ୍ରିତ ହୋଇଯାଏ
କାହିଁ କେତେ ସମ୍ପଦ ସମ୍ଭାଦ୍ୟ
ରୂପକଥାରେ ରୂପାୟିତ ପରି।
ଚଉଦିରେ ତା'ର ଖଞ୍ଜି ହୋଇଯାଏ
ଐଶ୍ୱର୍ଯ୍ୟର ଐରାବତ
ନନ୍ଦନର ପାରିଜାତ
ଚନ୍ଦନର ଅନୁଗତ
ତଥା ଅଭିନବର ଅପୂର୍ବ ଉନ୍ମେଷ।

କାହା ଇଙ୍ଗିତରୁ କ'ଣ
ଘରର ଅସ୍ତିତ୍ୱ ଅସ୍ତ ହୋଇପାରେ ?
ଏମିତିକି ବିଷୟ। ବରଜିଥିବା ବୈରାଗୀ
କ'ଣ ଆପଣା କୁଡ଼ିଆଟିକୁ ଆଡ଼େଇ ଯାଇପାରେ ?
ଆଡ଼େଇଥିଲେ କ'ଣ ବଢୁଥାନ୍ତା
ଆଜିର ମଠାଧୀଶଙ୍କ ମହଲ
ନାହିଁ ନଥିବା ଝଲକ ଝରେଇ ?
କାହା ମନ ଲୋଡ଼େ ନାଇଁ ନିଜର ନିବାସ ?

ପଶୁପକ୍ଷୀରୁ କୀଟ ଯାଏ
କାହା ଲୋଡ଼ାରେ ଗୁନ୍ଥି ହୋଇନାହିଁ
ଘରର ଗୁରୁତ୍ୱ ?

ଜଙ୍ଗଲୀ ଜୀବନରେ
ଗୁମ୍ଫାର ଆଶ୍ରୟକୁ ପଛେଇ
ସାମାଜିକ ସାଜିବା ପରଠୁ
ମଣିଷ ସଜେଇଛି ଆପଣାର ଘର।
ପରେ ପରେ ବିବର୍ତ୍ତନ ବୀଥିକାରୁ
ବିକାଶର ବିଭବ ଗୋଡ଼େଇ
କ୍ରମଶଃ କମନୀୟ ଭବନ ଗଢିଛି
ଯାଇତାଇ କୁଟୀର ବରଜି।

ବିକଶିତ ଉନ୍ମେଷରେ
ଆଜିର ଘର ଚହଟୁଛି କାହିଁ କେତେ ରୂପେ
ଅଭିନବ ଚାତୁର୍ଯ୍ୟର ଚାରୁକଳା ଧରି।

ତଥାପି ଏକାଳେ କେତେ ଦୀନହୀନ ଜନ
ସାରାକାଳ ହାଇଁପାଇଁ ଘରଟିଏ ପାଇଁ
ଫୁଟପାଥ୍, ପ୍ଲାଟଫର୍ମ ଆଉ
ଅପନ୍ତରା ଅଦଉତି ସହି।
ଯେମିତି ସେମିତି ହେଉ ପଛେ
ନିଜ ଘର ସର୍ବୋତ୍ତମ ଆଶ୍ରୟ ଆଧାର
ଅତୁଲ୍ୟ ଉପଯୋଗର ସୁଯୋଗ୍ୟ ବୈକୁଣ୍ଠ।

ଜଞ୍ଜାଳ ଜାଲରେ ଛଟପଟ୍ ହୋଇ ସୁଧା
ବସିଗଲେ ତା' କୋଳରେ ଯାଇ
ବଶୀଭୂତ ହୋଇଯାଏ
ଅକାଳ ଉତ୍କର୍ଷ

ମୌଳିକ ଜରୁରୀର
ପ୍ରକୃତି ମୂଳାଧାର ପର
ସବୁ ମଣିଷ ପାଇଁ ଯେମିତି ସଂଯୁକ୍ତ
ସେମିତି ଆପଣାର ଚିର ସହଚର
ବିକଳ୍ପ ବିହୀନ ଜୀବନର ଜୀବନିକା।

ଜୀବନ ଜ୍ୟାମିତି

ବ୍ୟବଚ୍ଛେଦ କଲେ ବିରାଜିତ ହୁଏ
ବେଜାଏ ଶବ୍ଦ ବିଭୂତ ବିଭୋର ଦର୍ଶନ।
ମିଳେନା ବାସ୍ତବ ବସ୍ତୁତ୍ୱ ସାଥେ
ସଠିକ୍ ସଂଜ୍ଞାର ସଙ୍ଗୀତ।
ଜ୍ୟାମିତିକ ତତ୍ତ୍ୱକୁ ତା'ର ଖୋଜି ଖୋଜି
ହଜିଯାଏ ତମାମ ସମୟ।
ତଥାପି, ଆସିବାରୁ ଯିବାଯାଏ ଅବଧିକୁ
ସେମିତି କ'ଣ ବୁଝିହୁଏ ?
ହୁଏନି ବୋଲି ଅବୋଲକରା ଅଘଟଣ
ଅନେକ ବିଚଳିତ କରେ ଚଳିତ ଜୀବନକୁ।
ମିଳନ ବିଚ୍ଛେଦର ଅବଲୀଳା।
ସେହି ଜୀବନ ନଈକୁ ବଙ୍କା ଟଙ୍କା କରେ।
ବନ୍ଧୁର ବାଟରେ ତାର କଣ୍ଟାର ଉପପାଦ୍ୟ ତଥା
ସମତଳରେ ତାଳମେଳ ନଥିବା ବାଦ୍ୟର ନିନାଦ
ବହୁଭାବେ ବ୍ୟଥିତ ବିବ୍ରତ କରେ।

ଅହେତୁକ ଅସୂୟାର ବାଘୁଆ ପଞ୍ଝା
କେବେ କେବେ ଆସି ପିଞ୍ଜି ଦେଇ
ଅକାଳରେ ସଞ୍ଜ ଲଦି ଦିଏ।
ଓର ଦେଖୁ ଓରିମାନା ମେଣ୍ଟଉଥିବା
ନେଳିଆ ଶିଆଳ ପରି ନରଦେହୀର

ନାରକୀୟ ଦାଉରେ ଦୋହଲି ଦୋହଲି
ଦିଗହରା ବି ହୁଏ ସରଳ ଜୀବନ।
ସେହି ମୁଖାର ମୟୂଖ ତଳେ
ନାହିଁ କ'ଣ ?
ନାହିଁ ନଥିବା ସ୍ୱାର୍ଥର ବାତାବର୍ତ୍ତ,
ଦାମ୍ଭିକ ଦାଦାଗିରିର ଆବର୍ତ୍ତ ତଥା
ଅଜବ ଧାର୍ମିକର ପ୍ରଦୂଷିତ ଅଦଉତି
ଦାବାନଳ ହୁଏ।
ସ୍ୱାର୍ଥୀ ଆଉ ଈର୍ଷାଳୁଙ୍କ
ଫନ୍ଦାଫିକରରେ ଧନ୍ଦି ହୋଇ
ହସର ମାନଚିତ୍ର ଚିରେ
ଲୁହର ଲହରୀ କୂଳ ଲଙ୍ଘି ଯାଏ।

କିନ୍ତୁ ସଚ୍ଚୋଟପଣର କର୍ମଠ
ସଇତାନି ଚୋଟରେ ନ ଫାଟି
ଯେତେ ସବୁ ଅଟକ ଆକଟ କାଟି
ଆଗାମୀକୁ ଭେଟୁଥାଏ ପ୍ରତ୍ୟୟର ପ୍ରତିଲିପି ଧରି।
ଦହନ ପରେ ବାରମ୍ବାର ପାହାର ସହି
ସୁନାଖଣ୍ଡ ଗହଣା ହେବା ପରି
ସହନଶୀଳ ଝଲସେ
ପାଖଣ୍ଡୀଙ୍କ ସବୁକିଛି ପ୍ରତିକୂଳ ବେଖାତିର କରି।
ଯେହେତୁ ତ୍ୟାଗ ତିତିକ୍ଷାର ରୀତି
ଜ୍ୟୋତିଷ୍ମାନ୍
ସେହେତୁ, ସଂସ୍କାରୀ ମାନବିକତା
ଅତୁଲ୍ୟ ମୁଲ୍ୟବୋଧରେ ଅବିଚଳ।

ଖବର

କେବେ କେମିତି
କାଣିଚାଏ ଘୁଞ୍ଚିବାକୁ ସହି ହୁଏ ନାହିଁ ।
ଦେଖାଶୁଣା ମାଧ୍ୟମରୁ,ଯଦିଓ ଜଣାଥାଏ
ତଥାପି ମନ ଚାହିଁଥାଏ ଚାତକ ପରି ।
ଭୋକକୁ ଭୋଜି ପରି
ମିଳିଗଲେ ସେହି ଖବରକାଗଜ
ଉଭେଇଯାଏ ମେଘୁଆ ଶାସନ ଓ
ଛବିଳ ଦେହରୁ ସିଏ କିନ୍ତୁ,
ଚିରାଚରିତ ଢଙ୍ଗରେ ଦେଖାଏ ।

ନାବାଳିକାର ବଳାତ୍କାର,
ଧର୍ଷଣକାରୀ ନାବାଳକର ନଗର କୀର୍ତନ,
ରାସ୍ତା କେଉଁଠି ମରଣ ଯନ୍ତା,
ବର୍ଷାର ବସ୍ତି ଉବୁଟୁବୁ, ବନ୍ଧବାଡ଼ର ହଡ଼ପ,
ଅମୁକ ନେତାଙ୍କ ନୀତିହୀନ ରାଜନୀତି,
ସମୁକ ନାୟିକାଙ୍କ କୁକୁର ପ୍ରୀତି ପରି
ବେଜାଏ ଶବ୍ଦର ଗଦାଗଦା ଅଳିଆ ।
ଅନାବନାର ନିତ୍ୟରାଶି ଦେଖି,
ଭାବନାକୁ ଧସେଇ ପଶେ ବିରକ୍ତ ବୈଶାଖ ।
ଯେଉଁଠି ପଙ୍ଗପାଳ ପରି
ଖବରଦାତାଙ୍କର ଅବଉତି

ସେଇଠି ଖାଦମିଶା ଖତରା ଖବର
ଆସିବନି କେମିତି ?
ଅଲୋଡ଼ା ଅଗାଡ଼ିକୁ ଛାଡ଼ି
ଅସଲିକୁ ଆଶା ନ କଲେ
ଛତୁଫୁଟା ଖବରକାଗଜ
ଛତା ଉଡ଼ିଯିବ ଓ ଅଯଥାରେ ଜଙ୍ଗଲ ସରିବ ।

ଭିନ୍ନ ଏକ ଅବଲୋକନ

ବେହିସାବି ଝଡ଼ ଆସି
ନାହିଁ ନଥିବା ତାଳ ପତ୍ର ଝଡେଇ
ମାଟିରେ ଜଡେଇ ଦେଉନି କି ?
ଆମେ ତ ସେମିତି ଅଯଥା ନଷ୍ଟ ଭ୍ରଷ୍ଟ କରୁନାହୁଁ।
ରଥଯାତ୍ରା ପରି
ଚଳିତ ଚଳଣିକୁ କମଣିଆ କରିବାକୁ
କିଛି କିଛି ଗଛ କାଟୁଛୁ ଅବଶ୍ୟ।

ପୋଥି ବାଇଗଣ ର ପାଥେୟ କୁହାଳିଆ ପରି
କହୁଛନ୍ତି ପରିବେଶ ପୋକରା ହେଉଛି
ସବୁଜ ବଳୟ ନିର୍ବଳ ହେଉଛି
ନିରନ୍ତର ଜଙ୍ଗଲ ସରୁଛି।

ସରୁଚି କେଉଁଠି ?
ଚଷମା ଲଗେଇ ଚାହୁଁନ
କଂକ୍ରିଟ ଜଙ୍ଗଲ କେମିତି
ଚଉଦିଗେ ଚହଟୁଛି,
ମର୍ତ୍ତ୍ୟକୁ ଅମର୍ତ୍ତ୍ୟ ଓଟାରି ଆଣୁଛି।
ଦିଲ୍ଲୀରୁ ପଲ୍ଲୀକୁ ପଲ୍ଲବିତ ସଜଡ଼ା ସଡ଼କ
ସାଇଁ ସାଇଁ ଗଡ଼ଉଛି ମଟରକୁ ସ୍କୁଟି ଯାଏ
ଓଢଣି ଉଡେଇ।

ଗଣ ମାଧମରେ ଟିକେ ଜଣା ହେବା ପାଇଁ
ନିକମା କିଛି ବିକୁଛନ୍ତି
ବନି କରଣୀ କମିବାରୁ
ବିଗୁଡୁଛି ବର୍ଷା ବଢୁଛି ଉତାପ।
ବଢ଼ୁ।
ଶୀତଳି କରଣ ଯନ୍ତ୍ର କଣ ନାହିଁ କି ?
ଡର କାହାକୁ ?
ଚାଉଳ ଯେହେତୁ ମାଗଣା ରେ ଘରେ ପଶୁଛି
ସେହେତୁ ଚାଷ ହାତେଇ ହାତ ଅସନା କରିବୁ କିଆଁ ?
ଗଛକୁ ସେମିତି ଥଇଥାନ କରିବାକୁ
ବେଳ କାହିଁ ?

କଳ କାରଖାନା କୋଲେଇ
ସହର ଯେଉଁଠି ଦ୍ରୁତ ଗାମୀ
ସେଇଠି ପ୍ଲାଷ୍ଟିକ ବୋତଲ
ଛେଲି କୁକୁଡ଼ାର ଦେହାବଶେଷ ପରି
ବର୍ଯ୍ୟ ସବୁ ରାସ୍ତା କଡରେ ନପଡ଼ିବ କେମିତି ?

ଜାଣ ଗୁରୁଦେବ !
ଏଇନେ ମୁଁ ସେହି ଅବୋଲକରା ନୁହେଁ
ବିକଶିତ ସିଆଣିଆ ଶିକ୍ଷିତ।

BLACK EAGLE BOOKS

www.blackeaglebooks.org
info@blackeaglebooks.org

Black Eagle Books, an independent publisher, was founded as a nonprofit organization in April, 2019. It is our mission to connect and engage the Indian diaspora and the world at large with the best of works of world literature published on a collaborative platform, with special emphasis on foregrounding Contemporary Classics and New Writing.

www.ingramcontent.com/pod-product-compliance
Lightning Source LLC
Chambersburg PA
CBHW060610080526
44585CB00013B/770